忽如一夜春风来，千树万树梨花开。

绕池闲步看鱼游,
正值儿童弄钓舟。

采得百花成蜜后，为谁辛苦为谁甜。

儿童急走追黄蝶，
飞入菜花无处寻。

春水碧于天，画船听雨眠。

西园晚霁浮嫩凉,
开尊漫摘葡萄尝。

枸杞始甚微，短枝如棘生。

碧蔓凌霜卧软沙，年来处处食西瓜。

叶圣陶讲给孩子的写作课

① 技法篇

叶圣陶 著

开明出版社
·北京·

图书在版编目（CIP）数据

叶圣陶讲给孩子的写作课. 技法篇 / 叶圣陶著.
北京：开明出版社，2025. 7. -- ISBN 978-7-5131
-9633-8

Ⅰ. G634.343

中国国家版本馆 CIP 数据核字第 2025XD6739 号

责任编辑：卓　玥

YESHENGTAO JIANGGEI HAIZI DE XIEZUOKE
叶圣陶讲给孩子的写作课

作　　者：	叶圣陶　著
出　　版：	开明出版社
	（北京市海淀区西三环北路25号 邮编100089）
印　　刷：	三河市兴达印务有限公司
开　　本：	880mm×1230mm 1/32
成品尺寸：	145mm×210mm
印　　张：	44.5
字　　数：	718千字
版　　次：	2025年7月第1版
印　　次：	2025年7月第1次印刷
定　　价：	198.00元（全八册）

印刷、装订质量问题，出版社负责调换。联系电话：（010）88817647

目 录

叶圣陶精讲

002 对于小学作文教授之意见

013 济南的冬天

叶圣陶佳作展示

020 平时的积累

023 写作杂话

043 学点语法（节选）

047 正确的使用句读符号

051 修辞

065 开头和结尾

079 组织

084 关于散文写作

086 文章的分类

089 关于记叙文

106 游记

109 随笔

112 背景

114 议论文

120 再谈文言的讲解

126 作文要道

129 文风问题在哪儿

132 怎样改进文风

135 可写可不写，不写

137 准确·鲜明·生动

140 修改是怎么一回事

143 谈文章的修改

147 修改《壁虎捉虫》

152 修改《霍老头》

叶圣陶精讲

对于小学作文教授之意见

处今日之时势，小学生所需智识至多。若以悠久之岁月而练习不可限程收效之作文，实非今日所应有之事。宜以最经济之时间练成其最能切实应用之作文能力。

小学作文教授之目的在令学生能以文字直抒情感，了无隔阂；朴实说理，不生谬误。至于修词之工，谋篇之巧，初非必要之需求。能之固佳，不能亦不为病。（按文字大别，不出抒情论叙二类。故但言抒情及说理。）

目的既如上述，则选择读物殊为必要。必与以模范，始得有着手之方。其不能学及不必学之读物亟当屏绝，而选读古文自亦属不可能。古文于现时代小学生扞格①颇多。请胪举②之：

一、陈义过高，所关至大，或学问家之所事，或谋国者之所究，与小学生现时处境绝不相关。

二、时代不同，即思想互异。诵而习之，或且为推

---

① 扞（qiān）格：有矛盾，抵触。
② 胪（lú）举：列举。

究事理之障碍。境遇不同，即感想各殊。在彼以为真切有味者，在此未必一一领略。若强令诵习，必然无益。（以上二端犹指古文之无谬点者。）

三、古人持论，喜为联想，少事归纳。究其结果，眢①词累幅。效此推理论事，谬误必多。

四、牢愁写恨，避地鸣高，实居抒情之古文之大部分。此于学生孟晋之气必生障碍。

五、古文中每有不落边际，不可捉摸者。读之终篇，唯觉文字缴绕②，茫无所得。苟取法于此，其弊为徒好虚论，语无实质。

或谓诵习古文，盖欲辨别历代文学之变迁，推究各种体制之沿革，反今人于古人，而体其著作之旨趣耳。殊不知此乃文学家事，而非小学生事。且文学家下此工夫，亦不过证古察变，以为自创新文学地步，并非欲舍弃自身态度，步趋古人也。令今日之小学生而模仿古人之文，决无是处。

今日小学作文之教授殊无把握。毕业而去者，或已臻通顺，则由于学生之努力与习性，未必果为教授之效；或尚未通顺，则教者学者俱已殚精竭力，咎亦均非

---

① 眢（yuān）：眼球枯陷失明，这里引申为事物枯竭或干枯。
② 缴（jiǎo）绕：说理、行文或问题等缠绕不清。

其所愿任。其实根本解决此问题，还当改换读物选择之方针。著者前已言小学作文教授之目的及古文之不宜选择矣。总之，小学生作文，初不欲求其高雅典丽，肖于古文。然则但避古文不读，遽①即收效耶？此殊未必。国人习惯，酷好摹古，有所撰述，其结体琢句，亦喜力追古人。小学生得此种读物，自好者便力思仿效，不知功力未到，转成牵强不通；自弃者惮仿效之多艰，径自舍去，任意挥洒，既无独立撰述之力，而类乎自身思想之文字又无从得而仿效。其结果亦成浅陋不通。我国文字之难习，言文之异致实为其主因。方为文之际，初则搜索材料，编次先后，其所思考固与口说一致，然欲笔之于纸，则须译为文言。于是手之所写非即心之所思。其间迻译②之手续殊为辛苦。求胜摹古之心弥炽，则辛苦弥甚。颇有一种人，亦尝识字，亦能运思，亦富情感，而不能下笔成文者，即此手续为之障碍。欲去此障碍，唯有直书口说，当前固尚难能，而将来终当期其达到。为今之计，使之较近口说，俾易练习，则未始不可。试思口之所说，其故为雕琢，几经烹炼者几何？即夙擅文学之人，吾知其寥寥也。然则小学生之读物亦唯

---

① 遽（jù）：立即；赶快。
② 迻（yí）译：翻译。"迻"同"移"，表示移动、迁移。

求其为较近口说之文字耳。至其内容，固不因此而有所改易也。教者果能随处留意，于学生之读物，或自编，或修改，务使十分平易，有类口说，则学生临文之际，得此模范，但就情意所至，举笔照录，不必迻译，便成文字矣。或谓如此为教，则学生为文必无典丽矞皇①峭拔奇突之观。则答之曰：此言似是而实非。盖思想正确，情感真挚，实质上未始不堂皇正则，初不关文字间之典丽矞皇峭拔奇突也。诚著者之说，持之勿懈，则限程收效，目的必达，固敢自信也。

作文之形式为文字，其内容实不出思想情感两端。以言思想，则积理必富而为文始佳。若但读物得宜，便令仿其词句，握管撰作，则收效犹薄。夫文无本体，必附丽于事物而后成其为文。读物之实质固亦为种种之事物；而读物之处，事物正多，尤贵实际探求。宜令学者随时随地探求事物之精蕴，且必经己之思考而得答案。然后陈事说理自能确切而畅达。以言情感，则因人而异，岂能强求其同。他人抒情之作，以为酣畅淋漓者，自我视之，或竟索然。又或言过其分，转为饰伪，读者对之亦不生情感。是以选择抒情之读物，须真切有味，确具至情，可以激发学生情感者。而于平日训练能注意

---

① 矞（yù）皇：形容艳丽、辉煌或光辉的景象。

学生个性,因势利导而陶冶之,收效自必更巨。

心有所思,情有所感,而后有所撰作。唯初学作文,意在练习,不得已而采命题作文之办法。苟题意所含非学生所克胜,勉强成篇,此于其兴味及推理力摧残殊甚。是以教者命题,题意所含必学生心所能思。或使推究,或使整理,或使抒其情绪,或使表其意志。至于无谓之翻案,空泛之论断,即学生有作,尚宜亟为矫正;若以之命题,自当切戒。

文题取材应广博。不特学校中之所诵习所闻见可以命题,即家庭社会之事,苟学生能思议及之者,亦无不可命题。事事物物,与学生接触而引起其思想情感者,均可为文题之材料。如是,既能收各科联络之效,亦能练随遇肆应①之才。不知此义,弊即随生。学生遂以为作文乃国文科中独有之事,其作用但在虚理缴绕,修词琢句,而于应用转不甚措意。迨②夫事物当前,宜有所撰录,斯正应用之机会矣,而欲求应用之具竟不可得。庸讵③知向以为独有之事者,正普通应用之利器

---

① 肆应:善于应付各种事情。
② 迨(dài):等到,达到,趁着。
③ 庸讵(jù):岂;何以;怎么。

耶？犯此弊者正夥①，初非好为过言也。能史论不能书札，能拟古写景不能就眼前景物曲曲为之传神，即缘受此流毒。习染益深，其弊益甚，虚而无实，文字之功用失矣。

总之，作文命题及读物选择，须认定作之者读之者为学生，即以学生为本位也。教者有思想欲发挥，有情感欲抒写，未必即可命题，因学者未必有此思想有此情感也。教者心赏某文，玩索有素，未必即可选为教材，因学生读此文，其所摄受未必同于我也。必学生能作之文而后命题，必学生宜读之文而后选读，则得之矣。

教者或于学生作文之际示以意义，此最非所宜。教者之言动恒有一种暗示性质，势将予学生以限制。虽不强学生必从，而学生往往从之。意义既先讲出，则作文之效果充其量不过复述师言而止。甚者，学生于师意未能领解，更不免强为牵合。此习既成，其论事也，可以反无理为有理，我矛我盾萃于一篇。此于期望学生思考自由推理正确之初愿大相刺谬②矣。但须讲题明白，使学生认题确切。此外手续均不必用。

---

① 夥（huǒ）：多。
② 刺谬：违背；悖谬。

学生作文，须令分段，每段之先标明含意。此法之利有二。

一、作者起题，必先审定含义应有几段，方能扼要标明。经此手续，则一篇大体，动笔之先早已成立。意义明画，文字自然清楚。庶可免捉笔辄书，不自知其所云之弊。

二、谈话演说，推理论事，往往一段已完，则语气停顿。下一段即不连属于前，初不必用联词为之介也。文字本济语言之穷者，彼此自当一例。而每见学生作文，有于段与段之间强用联词，转成文字之累者，有欲其一贯，强改前后两段意义，使迁就而联络者。今令分段，则遇含意多端，说理须精之文题，可逞臆直书，无牵强之弊。

今之评量文字者，往往高谈句调高古，词华典赡①，而不问思想之精确完整与否。故其言作文进境每分三段：初则寥寥数十语，但求文从字顺；继则力求充畅，扩为数百语以至千语；终乃缩之使短，返于初状，而词句自古茂凝炼。颇有人持此见解以觇②学生之进

---

① 典赡（shàn）：文辞典雅富丽。
② 觇（chān）：窥视；察看。

程。不知文字作用端在达意。意已完足，虽短何害？意犹未尽，则当长以畅言之。若必故为擒纵，则意本无多，衍充篇幅；语有未尽，强为收敛。在若辈视之，未尝不谓极行文之能事；而自我观之，殊不谓然。盖举枉错直，离实已甚，充类发达，亦不过游戏笔墨耳。著者以为小学生作文，既慎择读物以积理，则作法自当注意其意义是否精确，语句是否完整。必求合乎论理，而不贵乎虚衍。篇幅短长固应随顺意义也。即主张小学生作文必求典雅，亦须先注意于此。然后自求得之，庶不致人云亦云。若必罗列典雅语句，奇拗笔法，一一注入学生脑海，正恐劳而无功，适足助长学生之依赖性耳。

觇学生作文之进步与否，当视其推理能否正确，抒情能否绵美。果日累月积，思想益正确而完善，情感益恳挚而缜密，即可断定为确有进步。此全属作文内容之事，而非形式之事。是以收效在作者，用功决非仅在练习作文。盖文之所载者实质，而文之所以成者方术也。质之不存，术将焉用？昧乎此而但以作文练习作文，不及其他，其卒无成效，固应得之果矣。或者乃专务形式方术，以文篇之峭拔波折，字句之研炼雕琢，为作文之进步，而于内容实质转无所措意，亦舍本而逐末矣。其实所谓峭拔波折研炼雕琢者亦何足道？夫文，凭理推事，准情抒写，心之所至，即文之结构矣。果理真而情切，直捷写来，宁有弗当？自经文家强命篇法，斟酌章句，一若吾既有真理至情可供抒写，又必顾及其所谓峭拔波折研炼雕琢者。于是改易实质以就篇章者有之；强造语句以成开合者有之，好为艰深，原意滋晦者有之；喜用僻字，意涉含糊者有之。求善反弊，究何取焉？或曰：子之所称，盖其流于弊，涉于歧途者耳。其不然者，固文家之上材也。答之曰：即不流于弊，不涉于歧途，亦何必于理真情切之外别加互易改换之功乎？小学生练习作文之要求，唯在理真情切而意达，即文学亦未能外此。不此之图，而务他求，即非无关，亦属旁义。小学生作文，练习既无多暇，目的又在应用；务其本，手段犹须经济；若鹜旁义，虽非背道，已成异趋。终其身弗达理真、情切、意达之目的，亦未可知也。

作者于为文之实质既已理真、情切，犹未必遽能意达。吾人临文之先，往往觉有真切之理、绵妙之情可供挥洒。一俟脱稿，试自讽诵，辄觉未能尽写我怀，因此不自惬意。更以示他人，而他人所摄受又未必即吾所思考。若此者，文字之效用可谓失其大部。夫一种情意必有一种最适切之语句表示之。此最适切之语句不可借用，不可互易；当机恰合，自然意达。今于作文教授，欲期其意达，亦只须令学生注意于此。盖初学者往往有语涉含糊意若两可之文字。苟迁就放过，致成素习，终其身且有情意满腔莫能卒达之苦。故教者须一一为之辨别，若何之情意，必以若何最适切之语句表示之。一衷名理，莫为强就，则意达之的庶几可达。

批改实为作文教授之要着，自须认定标的。批改固非教者自己作文，乃修正学生所作之意义及字句也。其意义不谬误而尚有不完全之处者，不必为之增；字句已通顺而尚欠凝炼高古者，不必为之改。意义不完，乃由于学生识力之未至，而非由于推理之谬误。夫识力之程度至无定限。今时教者所见，增之于作文簿者，他日学生识力进步或竟更造其深，而觉教者所增为意有未尽。然则于学生所作增加意义，已非妥善之方法；况一为增益，又足阻遏学生当时之精究心耶！至于字句之凝炼高古，本非必要之需求。已意既达，人亦共喻，虽不凝炼高古何害？苟字句可通，而必易之以同义异构之字句，此殊足减学生之兴味及精究心。况凝炼高古，厥义虚玄，以此责之，徒使生神秘之感。是以批改只应注意于谬误之推理，不通之字句。外此之事，不妨于发还时评论及之。如某处意义有未完之处，补入如何如何一层，则较完整而周密；某处字句有粗疏之嫌，倘作如何如何说法，则较精当而经济。如是，既重视学生精究之心，亦不失教者辅导之旨矣。

学生作文，意义有谬误，须为修改，前已言之。或全篇谬误，苟为之拟作，则学者既嫌文非己作，教者亦感不胜其烦。于是又有一法，指出其谬误之点，巧譬善导，使之领会，而后令之重作。令之重作，苟不授以意义，则前既谬误，或不能另辟途径；如告以如何作法，又将侵犯其思考之自由。但告以趋向，当从某方面着想，意在启发，而非限制，则重作之效果当有可观矣。意义不为增损，谬误促之自省，则于学生之推理及行文必多裨益，固不仅批改之足以尽事也。

综上所论，著者认为小学作文之教授，当以顺应自然之趋势而适合学生之地位为主旨。于读物则力避艰古，求近口说；于命题则随顺其推理之能力而渐使改进；于作法则不拘程式，务求达意，只须文字与情意相吻合，于批改则但为词句之修正，不为情意之增损。

与王钟麒合作
1919年1月1日发表

济南的冬天

老舍

　　对于一个在北平住惯的人，像我，冬天要是不刮大风便是奇迹；济南的冬天是没有风声的。①对于一个刚由伦敦回来的人。像我，冬天要能看见日光，便是怪事；济南的冬天是响晴的。②自然，在热带地方，日光是永远那么毒，响亮天气反有点叫人害怕。可是在北中国的冬天，而能有温晴的天气，济南真得算个宝地。③

　　①这一句是说：在作者的经验中，冬天准得刮大风，可是济南的冬天没有风。句式改得明白些，就是："冬天要是不刮大风，对于像我这样在北平住惯的人便是奇迹；但济南的冬天是没有风声的。"下一句准此。不过这样一改，就不及原文挺拔爽利了。

　　②这一句是说：在作者的经验中，冬天准看不见日光，可是济南的冬天是响晴的。

　　③"在北中国的冬天，而能有温晴的天气"，一来是突破了作者的经验，二来是使作者感到从未经验过的

舒适，所以说"济南真得算个宝地"。

设若单单是有阳光，那也算不了出奇。请闭上眼睛想：一个老城，有山有水，全在蓝天底下很暖和安适的睡着，只等春风来把它们唤醒，这是不是个理想的境界？①

①上一句说"那也算不了出奇"，这一句当然是说济南所以出奇之点。可是作者并不用"出奇的在……"那样说明的说法接上去，却用描摩的笔法，把济南周围的冬景描个大概，又用询问的口气，教读者想一想："这是不是个理想的境界？"这就活泼有味得多。读者想了一想，承认这是个理想的境界，对于济南所以出奇之点也说明白了。

小山整把济南围了个圈儿，只有北边缺着口儿。这一圈小山在冬天特别可爱，好像把济南放在一个摇篮里，它们全安静不动的低声地说："你们放心吧？这儿准保暖和。"真的，济南的人们在冬天是面上含笑的。①他们一看那些小山，心中便觉得有了着落，有了依靠。他们由天上看到山上，便不觉的想起："明天也许就是春天了吧？这样的温暖，今天夜里山草也许就绿起来了吧?"就是这点幻想不能一时实现,他们也并不着急;有了这样慈善的冬天,干啥还希望别的呢!②

①上一句里的"你们"是小山指称济南的人。济南的人听了小山"这儿准保暖和"的话,所以"面上含笑"了。当然,这一句跟上一句下几句一样,也出于作者的想象。

②"有了这样慈善的冬天",其实春天来得迟些也不要紧,所以不"希望别的"——"别的"就是"春天"。这两语点明"并不着急"的缘故。

最妙的是下点小雪呀。看吧,山上的矮松越发的青黑①,树尖上顶着一髻儿白花,好像日本看护妇。山尖全白了,给蓝天镶上一道银边。山坡上,有的地方雪厚点,有的地方草色还露着;这样,一道儿白,一道儿暗黄,给山们穿上一件带水纹的花衣;②看着看着,这件花衣好像被风儿吹动,叫你希望看见更美的山的肌肤。等到快日落的时候,微黄的阳光射在山腰上,那点薄雪好像害了羞,微微露出点粉色。③就是下小雪吧,④济南是受不住大雪的,那些小山太秀气!

①松树由雪的白色反衬,所以"越发的青黑"。
②这里把山拟人,所以说多数山就用个"们"字。

按照通常的习惯，说多数山也只用个"山"字就是了。

③"害了羞"是从"微微露出点粉色"引起来的想象。粉色是指妇女脸上搽了粉的颜色，白中多少带点儿红，不同于雪原来的白色。雪受了阳光的斜射，显出粉色，便想象那是"害了羞"了。

④这是祈愿的口气，也是表示满足的口气。下两语表明所以祈愿所以满足的缘故。

古老的济南，城内那样狭窄，城外又那么宽敞，山坡上卧着点小村庄，小村庄的房顶上卧着点雪，①对，②这是张小水墨画，或者是唐代的名手画的吧。

①人当卧的时候，最为安适平静。这里说小村庄与雪都用"卧着"，传达出一带景色的安适平静。

②这个"对"字是说把景物比做小水墨画，比得对。

那水呢，不但不结冰，倒反在绿藻上冒着点热气，水藻真绿，把终年贮蓄的绿色全拿出来了。①天儿越晴，水藻越绿。就凭这些绿的精神，水也不忍得冻上；②况且那长枝的垂柳还在水里照个影儿呢！看吧，由澄清的河水慢慢往上看吧，空中，半空中，天上，自上而下的全是那么清亮，那么蓝汪汪的，整个的是块空灵的蓝水晶。这块水晶里，包着红屋顶，黄草山，像地毯上的小团花的小灰色树影：这就是冬天的济南。

①这是个想象，形容水藻绿得透顶。

②为了水藻的"绿的精神"，为了"长枝的垂柳还在水里照个影儿"，所以水"不忍得冻上"，这是作者替水设想的说法。

这篇文字传出了济南的冬天的"空气"，平静，温暖，清亮，不但教人知道，并且教人感觉着。所以教人感觉的缘故，在乎躯遣想象（如说小山"全安静不动的低声的"告诉人们，水藻"把终年贮蓄的绿色全拿了出来了"之类），利用形象化的说法（如"山尖全白了，给蓝天镶上一道银边"，"自上而下""整个的是块空灵的蓝水晶"之类）。

节与节之间连系得很紧切。第一节里说到阳光，第二节里就从阳光接上去。第二节里带出了"有山有水"一语，以下第三、第四、第五三节就说山，第六节的前半就说水。说山的三节又有分别。第三节专说山教人们觉着"特别可爱"之点，第四节专说带雪的山，第五节便把其他的景物跟山合在一起说。第六节的后半与前半决不能分开，因为有个连锁在那里，就是水。前边描写水面，后边就教人从水面"慢慢往上看"，这是非常自然的。一看看到"块空灵的蓝水晶"，其中所包的一切，"就是冬天的济南"。这样的结束，给读者一个整个的印象。这篇文字纯粹是口语，但不是信口说出来的，却是经过了一番锤炼说出来的，词儿的选择，句式的运用，毫不马虎随便。读者可以按照说话的自然语调把它通读。读到纯熟的时候，不但可以多体会文字的好处，对于自己的写作练习，也会得到不少帮助。

1942年10月15日发表

叶圣陶佳作展示

平时的积累

写任何门类的东西,写得好不好,妥当不妥当,当然决定于构思、动笔、修改那一连串的功夫。但是再往根上想,就知道那一连串的功夫之前还有许多功夫,所起的决定作用更大。那许多功夫都是在平时做的,并不是为写东西作准备的,一到写东西的时候却成了极关重要的基础。基础结实,构思、动笔、修改总不至于太差,基础薄弱,构思、动笔、修改就没有着落,成绩怎样就难说了。

写一篇东西乃至一部大著作虽然是一段时间的事,但是大部分是平时积累的表现。平时的积累怎样,写作时候的努力怎样,两项相加,决定写成的东西怎样。

现在谈谈平时的积累。

举个例子,写东西需要谈到某些草木鸟兽的形态和生活,或者某些人物的状貌和习性,是依据平时的观察和认识来写呢,还是现买现卖,临时去观察和认识来写呢?回答大概是这样:多半依据平时的观察和认识,现买现卖的情形有时也有，但是光靠临时的观察和认识总不够。因为临时的观察认识不会怎么周到和真切。达到周到和真切要靠日积月累。日积月累并不为写东西，咱们本来就需要懂得某些草木鸟兽，熟悉某些人物的。而写东西需要谈到那些草木鸟兽那些人物，那日积月累的成绩就正好用上了。一般情形不是这样吗？

无论写什么东西，立场观点总得正确，思想方法总得对头。要不然，写下来的决不会是有意义的东西。正确的立场观点是从斗争实践中得来的。立场观点正确，思想方法就容易对头。这不是写东西那时候的事，而是整个生活里的事，是平时的事。平时不错，写东西错不到哪儿去，平时有问题，写东西不会没有问题。立场观点要正确，思想方法要对头，并不为写东西，咱们在社会主义社会里做公民本来应当这样。就写东西而言，唯有平时正确和对头，写东西才会正确和对头。平时正确和对头也就是平时的积累。

写东西就得运用语言。语言运用得好不好，在于得到的语言知识确切不确切，在于能不能把语言知识化为习惯，经常实践。譬如一个词或者一句成语吧，要确切地知道它的意义而不是望文生义，还要确切地知道它在哪样的场合才适用，在哪样的场合就不适用，知道了还要用过好些回，回回都得当，才算真正掌握了那个词或者那句成语。这一批词或者成语掌握了，还有其他的词或者成语没掌握。何况语言知识的范围很广，并不限于词或者成语方面。要在语言知识方面都有相当把握，显然不是一朝一夕的事，非日积月累不可。积累得多了，写东西才能运用自如。平时的积累并不是为了此时此刻要写某一篇东西，而是由于咱们随时要跟别人互通情意，语言这个工具本来就必须掌握好。此时此刻写某一篇东西，语言运用得得当，必然由于平时的积累好。

写东西靠平时的积累，不但著作家、文学家是这样，练习作文的小学生也是这样。小学生今天作某一篇文，其实就是综合地表现他今天以前的知识、思想、语言等等方面的积累。咱们不是著作家、文学家，也不是小学生，咱们为了种种需要，经常写些东西，情形当然也是这样。为要写东西而注意平时的积累，那是本末倒置。知识、思想、语言等等方面本来需要积累，不写东西也需要积累，但是所有的积累，还是写东西的极重要的基础。

1958年4月22日作

写作杂话

一、作自己要作的题目

一篇文，一首诗，一支歌曲，总得有个题目。从作者方面说，有了题目，可以表示自己所写的中心。从读者方面说，看了题目，可以预知作品所含的内容。题目的必要就在乎此。从前有截取篇首的几个字作题目的，第一句是"学而时习之"，就称这一篇为《学而》；有些人作诗，意境惝怳①迷离，自己也不知道该题作什么，于是就用《无题》两字题在前头：这些是特殊的例子，论到作用，只在便于称说，同其他的篇章有所区别，其实用甲、乙、丙、丁来替代也未尝不可；所以这样办的向来就不多。

题目先文章而有呢，还是先有了文章才有题目？这很容易回答。可是问题不应该这样提。我们胸中有了这么一段意思，一种情感，要保留下来，让别人知道，或

---

① 惝怳：模糊不清。

者备自己日后覆按,这时候才动手写文章。在写下第一个字之前,我们意识着那意思那情感的全部。在意思的全部里必然有论断或主张之类,在情感的全部里至少有一个集注点:这些统称为中心。把这些中心写成简约的文字,不就是题目么?作者动手写作,总希望收最大限的效果。如果标明白中心所在,那是更能增加所以要写作的效果的(尤其是就让别人知道这一点说)。所以作者在努力写作之外,不惮斟酌尽善,把中心写成个适切的题目。这工夫该在文章未成之前做呢,还是在已成之后做?回答是在前在后都一样,因为中心总是这么一个。那么,问题目先文章而有还是文章先题目而有,岂不是毫无意义?我们可以决定地说的,是先有了意思情感才有题目。

胸中不先有意思情感,单有一个题目,而要动手写文章,我们有这样的时机么?没有的。既没有意思情感,写作的动机便无从发生。题目生根于意思情感,没有根,那悬空无着的题目从何而来呢?

但是,我们中学生确有单有一个题目而也要动手写文章的时机。国文教师出了题目教我们作文,这时候,最先闯进胸中的是题目,意思情感之类无论如何总要迟来这么一步。这显然违反了一篇文章产生的自然程序。

若因为这样就不愿作文，那又只有贻误自己。作文也同诸般技术一样，要达到运用自如的境界，必须经过充分的练习。教师出题目，原是要我们练习，现在却说不愿练习，岂非同自己为难？所以我们得退一步，希望教师能够了解学生的生活，能够设身处地地想象学生内部的意思和情感，然后选定学生能够作的愿意作的题目给学生作。如果这样，教师出题目就等于唤起学生作文的动机，也即是代学生标示了意思情感的中心，而意思情感原是学生先前固有的。从形迹讲，诚然题目先有；按求实际，却并没违反一篇文章产生的自然程序。贤明的教师选题目，一定能够这样做。

我们还要说的是作文这件事情既须练习，单靠教师出了题目才动笔，就未免回数太少，不能收充分的效果。现在通行的不是两星期作一回文么？一学年在学四十星期，只作得二十篇文章。还有呢，自己有了意思情感便能动手写出来，这是生活上必要的习惯，迟至中学时代须得养成。假若专等教师出了题目才动手，纵使教师如何贤明，所出题目如何适切，结果总不免本末倒置，会觉得作文的事情单为应付教师的练习功课，而与自己的意思情感是没有关涉的。到这样觉得的时候，这人身上便已负着人生的缺陷，缺陷的深度比哑巴不能开口还要利害。

要练习的回数多，不用说，还须课外作文。要养成抒写意思情感的习惯，那只须反问自己，内部有什么样的意思情感，便作什么样的文。两句话的意思合拢来，就是说除了师出的题目以外，自己还要作文，作自己要作的题目。

自己要作的题目似乎不多吧？不，决不。一个中学生，自己要作的题目实在很多。上堂听功课，随时有新的意想，新的发现，是题目。下了课，去运动，去游戏，谁的技术怎样，什么事情的兴趣怎样，是题目。读名人的传记，受了感动，看有味的小说，起了想象，是题目。自然科学的实验和观察，如种树、如养鸡，如窥显微镜，如测候风、雨、寒、温，都是非常有趣的题目。校内的集会，如学生会、交谊会、运动会、演说会，校外的考查，如风俗、人情、工商状况、交通组织，也都是大可写作的题目。这些岂是说得尽的？总之，你只要随时反省，就觉得自己胸中决不是空空洞洞的；随时有一些意思情感在里头流衍着，而且起种种波澜。你如果不去把捉住这些，一会儿就像烟云一样消散了，再没痕迹。你如果仗一枝笔把这些保留下来，所成文字虽未必便是不朽之作，但因为是你自己所想的所感的，在你个人的生活史上实有很多的价值。同时，你便增多了练习作文的回数。

一个教师会出这样一个题目，《昨天的日记》。这题目并没不妥，昨天是大家度过了的。一天里总有所历、所闻、所思、所感，随便取一端两端写出来就得了。但是，一个学生在他的练习簿上写道："昨日晨起夜眠，进三餐，上五课，皆如前日，他无可记。"教师看了没有别的可说，只说"你算是写了一条日记的公式！"这个学生难道真个无可记么？哪有的事？他不是不曾反省，便是从什么地方传染了懒惰习惯，不高兴动笔罢了。一个中学生一天的日记，哪会没有可写的呢？

就教师出的题目作文，虽教师并不说明定须作多少字，而作者自己往往立一个约束，至少要作成数百字的一篇才行，否则似乎不像个样儿。这是很无谓的。文篇的长短全视内容的多少，内容多，数千字尽管写，内容少，几十字也无妨；或长或短，同样可以成很好的文章。不问内容多少，却先自规定至少要作多少字，这算什么呢？存着这样无谓的心思，会错过许多自己习作的机会。遇到一些片段的意想或感兴时，就觉这是不能写成像模样的一篇的，于是轻轻放过。这不但可惜，并且昧于所以要作文的意义了。

作文不该看作一件特殊的事情，犹如说话，本来不是一件特殊的事情。作文又不该看作一件呆板的事情，犹如泉流，或长或短，或曲或直，自然各异其致。我们要把生活与作文结合起来，多多练习，作自己要作的题目。久而久之，将会觉得作文是生活的一部分，是一种发展，是一种享受，而无所谓练习：这就与文章产生的自然程序完全一致了。

1930年1月1日发表

二、"通"与"不通"

讲到一篇文章，我们常常用"通"或"不通"的字眼来估量。在教师批改习作的评语里，这些字眼也极易遇见。我们既具有意思情感，提笔写作文章，到底要达到怎样的境界才算得"通"？不给这"通"字限定一个界域，徒然"通"啊"不通"啊大嚷一通，实在等于空说。假若限定了"通"字的界域，就如作其他事情一样定下了标准，练习的人既有用功的趋向，评判的人也有客观的依据。同时，凡不合乎这限定的界域的，当然便是"不通"。评判的人即不至单凭浑然的感觉，便冤说人家"不通"；而练习的人如果犯了"不通"的弊病，自家要重复省察，也不至茫无头绪。

从前有一些骄傲的文人，放眼当世文坛，觉得很少值得称数的人，便说当世"通"人少极了，只有三五个；或者说得更少，就只有一个——这一个当然是自己了。这些骄傲的文人把个"通"字抬得那么博大高深，决不是我们中学生作文的标准。我们只须从一般人着想，从一般人对自己的写作能力的期望着想，来限定"通"字的界域，这样的界域就很够我们应用。我们中学生不一定要作文人，尤其不要作骄傲的文人。

我们期望于我们的写作能力，最初步而又最切要的，是在乎能够找到那些适合的"字眼"，也就是适合的"词"。怎样叫做适合呢？我们内面所想的是这样一件东西，所感的是这样一种情况，而所用的"词"刚好代表这样一件东西，这样一种情况，让别人看了不至感到两歧的意义，这就叫做适合。同时，我们还期望能够组成调顺的"语句"，调顺的"篇章"。怎样叫做调顺呢？内面的意思情感是浑凝的，有如球，在同一瞬间可以感知整个的含蕴；而语言文字是联续的，有如线，须一贯而下，方能表达全体的内容。作文同说话一样，是将线表球的工夫，能够经营到通体妥贴，让别人看了便感知我们内面的意思情感，这就叫做调顺。适合的"词"犹如材料,用这些材料,结构为调顺的"篇章",这才成功一件东西。

动笔写作之前,谁不抱着上面所说的期望呢?这种期望是跟着写作的欲望一同萌生的。唯有"词"适合,"篇章"调顺,方才真个写出了我们所想写的。否则只给我们的意思情感铸了个模糊甚至矛盾的模型而已。这违反所以要写作的初意,绝非我们所甘愿的。

在这里,所谓"通"的界域便可限定了。一篇文章怎样才算得"通"?"词"使用得适合,"篇章"组织得调顺,便是"通"。反过来,"词"使用得乖谬,"篇章"组织得错乱,便是"不通"。从一般人讲,只用这么平淡的两句话就够了。这样的"通"没有骄傲的文人所说的那样博大高深,所以是不论何人都可能达到的,并且是必须达到的。

既已限定了"通"的界域,我们写成一篇文章,就无妨自家来考核,不必待教师的批订。我们先自问,使用的"词"都适合了么?要回答这个问题,先得知道不适合的"词"怎样会参加到我们的文章里来。我们想到天,写了"天"字,想到汹涌的海洋,写下"汹涌的海洋"几个字,这其间,所写与所想一致,决不会有不适合的"词"闯入。但在整篇的文章里,情形并不全是这么简单。譬如我们要形容某一晚所见的月光,该说

"各处都像涂上了白蜡"呢，还是说"各处都浸在碧水一般的月光里"？或者我们要叙述足球比赛，对于球员们奔驰冲突的情形，该说"拼死斗争"呢，还是说"奋勇竞胜"？这当儿就有了斟酌的馀地。如果我们漫不斟酌，或是斟酌而决定得不得当，不合适的"词"便溜进我们的文章来了。漫不斟酌是疏忽，疏忽常常是贻误事情的因由，这里且不去说它。而斟酌过了何以又会决定得不得当呢？这一半原于平时体认事物未能真切，一半原于对使用的"词"未能确实了知它们的义蕴。就拿上面的例来讲，"涂上白蜡"不及"浸在碧水里"能传月光的神态，假若决定的却是"涂上白蜡"，那就是体认月光的神态尚欠工夫，"拼死斗争"不及"奋勇竞胜"合乎足球比赛的事实，假若决定的却是"拼死斗争"，那就是了知"拼死斗争"的义蕴尚有未尽。我们作文，"词"不能使用得适合，病因全在这两端。关于体认的一点，只有逐渐训练我们的思致和观察力。这是一步进一步的，在尚不曾进一步的当儿，不能够觉察现在一步的未能真切。关于义蕴的一点，那是眼前能多用一些工夫就可避免毛病的。曾见有人用"聊寞"二字，他以为"无聊"和"寂寞"意义相近，拼合起来大概也就是这么一类的意义，不知这是使人不解的。其实他如果翻检过字典辞书，明白了"无聊"和"寂寞"的义蕴，就不至写下这新铸而不通的"聊寞"来了。所以勤于翻检字典辞书,可使我们觉察哪些"词"在我们的文章里是适合的而哪些是不适合的。他人的文章也足供我们比照。在同样情形之下,他人为什么使用这个"词"不使用那个"词"呢?这样问,自会找出所以然,同时也就可以判定我们自己所使用的适合或否了。还有个消极的办法,凡义蕴和用法尚不能确切了知的"词",宁可避而不用。不论什么事情,在审慎中间往往避去了不少的毛病。

其次,我们对自己的文章还要问,组织的"语句"和"篇章"都调顺了么?我们略习过一点儿文法,就知道在语言文字中间表示关系神情等,是"介词""连词""助词"等的重要职务。这些词使用得不称其职,大则会违反所要表达的意思情感,或者竟什么也不曾表达出来,只在白纸上涂了些黑字;小也使一篇文章琐碎涩拗,不得完整。从前讲作文,最要紧"虚字"用得通,这确不错;所谓"虚字"就是上面说的几类词。我们要明白它们的用法,要自己检查使用它们得当与否,当然依靠文法。文法能告诉我们这一切的所以然。我们还得留意我们每天每时的说话。说话是不留痕迹在纸面的文章。发声成语,声尽语即消逝,如其不经训练,没养成正确的习惯,随时会发生错误。听人家演说,往往

"那么，那么""这个，这个"特别听见得多，颇觉刺耳。仔细考察，这些大半是不得当的，不该用的。只因口说不妨重复说，先说的错了再说个不错的，又有人身的姿态作帮助，所以仍能使听的人了解。不过错误终究是错误。说话常带错误，影响到作文，可以写得教人莫明所以。蹩脚的测字先生给人代写的信便是个适宜的例子；一样也是"然而""所以"地写满在信笺上。可是你只能当它神签一般猜详，却不能确切断定它说的什么。说话常能正确，那就是对于文法所告诉我们的所以然不单是知，并且有了遵而行之的习惯。仅靠文法上的知是呆板的，临到作文，逐处按照，求其不错，结果不过不错而已。遵行文法成为说话的习惯，那时候，怎么恰当地使用一些"虚字"，使一篇文章刚好表达出我们的意思情感，几乎如灵感自来，不假思索。从前教人作文，别的不讲，只教把若干篇文章读得烂熟。我们且不问其他，这读得烂熟的办法并不能算坏。读熟就是要把一些成例化为习惯。现在我们写的是"今话文"，假若说话不养成正确的习惯，虽讲求文法，也难收十分的效果。一方讲求文法，了知所以然，同时把了知的化为说话的习惯，平时说话总不与之相违背，这才于作文上大有帮助。我们写成一篇文章，只消把它诵读几遍，有不调顺的所在自然会发见，而且知道应该怎样去修改了。

"词"适合了,"篇章"调顺了,那就可以无愧地说,我们的文章"通"了。

这里说的"通"与"不通",专就文字而言,是假定内面的思想情感没有什么毛病了的。其实思想情感方面的毛病尤其要避免。曾见小学生的练习簿,说到鸦片,便是"中国的不强皆由于鸦片",说到赌博,便是"中国的不强皆由于赌博"。中国不强的原由这样简单么?中国不强果真"皆由"所论到的一件事物么?这样一反省,便将自觉意思上有了毛病。要避免这样的毛病在于整个的生活内容的充实,所以本篇里说不到。

1930年2月1日发表

三、"好"与"不好"

提笔作文,如果存心这将是"天地间之至文",或者将取得"文学家"的荣誉,就未免犯了虚夸的毛病。"天地间之至文"历来就有限得很,而且须经时间的淘汰才会被评定下来——岂是写作者动笔的时候自己可以判定的?"文学家"呢,依严格说,也并不是随便写一两篇文章可以取得的,——只有不注重批评的社会里才到处可以遇见"文学家",这样的"文学家"等于能作文完篇的人而已。并且,这些预期与写作这件事情有什么关系呢?存着这些预期,文章的本身不会便增高了若干的价值。所以"至文"呀,"文学家"呀,简直不用去想。临到作文,一心一意作文就是了。

作文是我们生活里的一件事情,我们作其他事情总愿望作得很好,作文当然也不愿望平平而止。前此所说的"通",只是作文最低度的条件。文而"不通",犹如一件没制造完成的东西,拿不出去的。"通"了,这其间又可以分作两路:一是仅仅"通"而已,这像一件平常的东西,虽没毛病,却不出色;一是"通"而且"好",这才像一件精美的物品,能引起观赏者的感兴,并给制作者以创造的喜悦。认真不肯苟且的人,写一篇文章必求它"通",又望它能"好",是极自然的心理。自己的力量能够做到的,假若不去做到,不是会感到像偷工减料一般的抱歉心情么?

怎样才能使文章"好"呢?或者怎样是"不好"的文章呢?我不想举那些玄虚的字眼如"超妙""浑厚"等等来说,因为那些字眼同时可以拟想出很多,拿来讲得天花乱坠,结果把握不定它们的真切意义。我只想提出两点,说一篇文章里如果具有这两点,大概是可以称为"好"的了;不具有呢,那便是"不好"。这两点是

"诚实"与"精密"。

在写作上,"诚实"是"有什么说什么",或者是"内面怎样想怎样感,笔下便怎样写"。这个解释虽浅显,对于写作者却有一种深切的要求,就是文字须与写作者的思想、性情、环境等一致。杜甫的感慨悲凉的诗是"好"的,陶渊明的闲适自足的诗是"好"的,正因为他们所作各与他们的思想、性情、环境等一致,具有充分的"诚实"。记得十五六岁的时候,有一个同学死了,动手作挽文。这是难得遇到的题目。不知怎样写滑了手,竟写下了"恨不与君同死"这样意思的句子来。父亲看过,抬一抬眼镜问道,"你真这样想么?"哪里是真?不过从一般哀挽文字里看到这样的意思,随便取来填充篇幅罢了。这些句子如果用词适合,造语调顺,不能说"不通"。然而"不好"是无疑的,因为内面并非真有这样的情感,而纸面却这样说,这就缺少了"诚实"。我又想到有一些青年写的文章。"人生没有意义"啊,"空虚包围着我的全身"啊,在写下这些语句的时候,未尝不自以为直抒胸臆。但是试进一步自问:什么是"人生"?什么是"有意义"?什么是"空虚"?不将踌躇疑虑,难以作答么?然而他们已经那么写下来了。这其间"诚实"的程度很低,未必"不通"

而难免于"不好"。

也有人说，文章的"好""不好"，只消从它的本身评论，不必问写作者的"诚实"与否；换一句说，就是写作者无妨"不诚实"地写作，只要写来得法，同样可以承认他所写是"好"的文章。这也不是没有理由。古人是去得遥遥了，传记又多简略，且未能尽信；便是并世的人，我们又怎能尽知他们的心情身世于先，然后去读他们的文章呢？我们当然是就文论文；以为"好"，以为"不好"，全凭着我们的批评知识与鉴赏能力。可是要注意，这样的说法是从阅读者的观点说的。如果转到写作者的观点，并不能因为有这样的说法就宽恕自己，说写作无需乎一定要"诚实"。这其间的因由很明显，只要这样一想就可了然。我们作文，即使不想给别人看，也总是出于这样的要求：自己有这么一个意思情感，觉得非把它铸成个定型不可，否则便会爽然若失，心里不舒服。这样提笔作文，当然要"诚实"地按照内面的意思情感来写才行。假若虚矫地搀入些旁的东西，写成的便不是原来那意思情感的定型，岂非仍然会爽然若失么？再讲到另一些文章，我们写来预备日后自己覆按，或是给别人看的。如或容许"不诚实"的成分在里边，便是欺己欺人，那内心的愧疚将永远是洗刷不去的。爽然若失同内心愧疚纵使丢开不说，还有一点很使我们感觉无聊的，便是"不诚实"的文章难以写得"好"。我们不论做什么事情，发于自己的，切近于自己的，容易做得"好"；虚构悬揣，往往劳而少功。我们愿望文字写得"好"，而离开了自己的思想、性情、环境等，却向毫无根据和把握的方面乱写，怎能够达到我们的愿望呢？

　　到这里，或许有人要这样问：上面所说，专论自己发抒的文章是不错的，"不诚实"便违反发抒的本意，而且难以写得"好"；但是自己发抒的文章以外还有从旁描叙的一类，如有些小说写强盗和妓女的，若依上说，便须由强盗妓女自己动手才写得"好"，为什么实际上并不然呢？回答并不难。从旁描叙的文章少不了观察的工夫，观察得周至时，已把外面的一切收纳到我们内面，然后写出来。这是另一意义的"诚实"；同样可以写成"好"的文章。若不先观察，却要写从旁描叙的文章，就只好全凭冥想来应付，这是另一意义的"不诚实"。这样写成的文章，仅是缺乏亲切之感这一点，阅读者便将一致评为"不好"了。

　　所以，自己发抒的文字以与自己的思想、性情、环境等一致为"诚实"，从旁描叙的文章以观察得周至为

"诚实"。

其次说到"精密"。"精密"的反面是粗疏平常。同样是"通"的文章,却有精密和粗疏平常的分别。写一封信给朋友,约他明天一同往图书馆看书。如果把这意思写了,用词造句又没毛病,不能不说这是一封"通"的信,但"好"是无法加上去的,因为它只是平常。或者作一篇游记,叙述到某地方去的经历,如果把所到的各地列举了,所见的风俗、人情也记上了,用词造句又没毛病,不能不说这是一篇"通"的游记,但"好"与否尚未能断定,因为它或许粗疏。文字里要有由写作者深至地发见出的、亲切地感受到的意思情感,而写出时又能不漏失它们的本真,这才当得起"精密"二字,同时这便是"好"的文章。有些人写到春景,总是说"桃红柳绿,水碧山青",无聊的报馆访员写到集会,总是说"有某人某人演说,阐发无遗,听者动容。"单想敷衍完篇,这样地写固是个办法;若想写成"好"的文章,那是无论如何做不到的。必须走向"精密"的路,文章才会见得"好"。譬如柳宗元《小石潭记》写鱼的几句,"潭中鱼可百许头,皆若空游无所依。日光下澈,影布石上,怡然不动。俶尔远逝,往来翕忽,似与游者相乐。"是他细玩潭中的鱼,看了它们动定的情态，然后写下来的。大家称赞这几句是"好"文字。何以"好"呢？因为能传潭鱼的神。而所以能传神，就在乎"精密"。

不独全篇整段，便是用一个字也有"精密"与否的分别。文学家往往教人家发现那唯一适当的字用入文章里。说"唯一"固未免言之过甚，带一点文学家的矜夸；但同样可"通"的几个字，若选定那"精密"的一个，文章便觉更好，这是确然无疑的。以前曾论过陶渊明《和刘柴桑》诗里"良辰入奇怀"的"入"字，正可抄在这里，以代申说。

……这个"入"字下得突兀。但是仔细体味，却下得非常好。——除开"入"换个什么字好呢？"良辰感奇怀"吧，太浅显太平常了，"良辰动奇怀"吧，也不见得高明了多少。而且，用"感"字用"动"字固然也是说出"良辰"同"奇怀"的关系，可是不及用"入"字来得圆融，来得深至。

所谓"良辰"包举外界景物而言，如山的苍翠，水的潺湲，晴空的晶耀，田畴的欣荣，飞鸟的鸣叫，游鱼的往来，都在里头；换个说法，这就是"美景"，"良辰美景"本来是连在一起的。不过这"良辰美景"，它自己是冥无所知的：它固不曾自谦道"在下蹩脚得很，丑陋得很"，却也不曾一声声勾引人们说"此地有良辰美景，你们切莫错过"。所以有许多人对于它简直没有动一点儿心：山苍翠吧，水潺湲吧，苍翠你的，潺湲你的，我自耕我的田，钓我的鱼，走我的路，或者打我的算盘。试问，如果世界全属此辈，"良辰美景"还在什么地方？不过，全属此辈是没有的事，自然会有些人给苍翠的山色、潺湲的水声移了情的。说到移情，真是个不易描摹的境界。勉强述说，仿佛那个东西迎我而来，倾注入我心中，又仿佛我迎那个东西而去，倾注入它的底里；我与它之外不复有旁的了，而且浑忘了我与它了：这样的时候，似乎可以说我给那个东西移了情了。山也移情，水也移情，晴空也移情，田畴也移情，飞鸟也移情，游鱼也移情，一切景物融和成一整个而移我们的情时，我们就不禁脱口而出，"好个良辰美景呵！"这"良辰美景"，在有些人原是视若无睹的；而另有些人竟至于移情，真是"嗜好与人异酸咸"，这种襟怀所以叫做"奇怀"。

到这里，"良辰"同"奇怀"的关系已很了然。"良辰"不自"良"，"良"于人之襟怀；寻常的襟怀未必能发现"良辰"，这须得是"奇怀"；中间缀一个"入"字，于是这些意思都含蓄在里头了。如其用"感"字或者"动"字，除开不曾把"良辰"所以成立之故表达外，还有把"良辰"同"奇怀"分隔成离立的两个之嫌。这就成一是感动者，一是被感动者；虽也是个诗的意境，但多少总有点儿索然。现在用的是"入"字。看字面，"良辰"是活泼泼地流溢于"奇怀"了。翻过来，不就是"奇怀"沉浸在"良辰"之中么？这样，又不就是浑泯"辰"与"怀"的一种超妙的境界么？所以前面说用"入"字来得圆融而深至。

从这一段话看，"良辰入奇怀"的所以"好"，在乎用字的"精密"。文章里凡能这般"精密"地用字的地方，常常是很"好"的地方。

要求"诚实"地发抒自己，是生活习惯里的事情，不仅限于作文一端。要求"诚实"地观察外物，"精密"地表出情意，也不是临作文时"抱佛脚"可以济事的。我们要求整个生活的充实，虽不为着预备作文，但"诚实"的"精密"的"好"文章必导源于充实的生活，那是无疑的。

1930年3月1日发表

学点语法（节选）

咱们说话，无非是表达自己的意思。写东西也是说话，是利用文字这种工具来说话。为了把意思表达得准确、明白，咱们说话必须按照一定的规矩。说话的规矩就是语法。

可以说语法人人都会。不会语法，就说不成话，勉强说些话也没人懂。咱们都能说话，说的话都能叫人懂，就是人人会语法的证据。

既然语法人人都会，为什么还要学语法呢？

咱们从小会语法，全靠习惯之自然，是不自觉的。不自觉说话是在按着规矩说，也意识不到说话原来有这样那样的规矩。正因为这样，就难保所有的话全合乎规矩。有时候不免说走了样，跟自己要表达的意思不怎么符合。有时候不免说得含含糊糊，罗罗嗦嗦，要别人花老大工夫去揣摩，结果揣摩得对不对还不一定。这种情形，都达不到准确地明白地表达意思的要求。学了语法，意识到说话有这样那样的规矩，把这些规矩搞得透熟,任何时候都自觉地按照这些规矩说话,这就提高了说话、写东西的能力,可以保证把自己的意思表达得准确,明白。

这儿要说明一点:语法仅仅是说话的规矩,掌握了语法,仅仅能使自己说的话把自己的意思表达出来,不走样,不叫别人误会。至于说的话正确不正确,有价值没有价值,还得看表达的意思本身正确不正确,有价值没有价值。这就牵涉到立场、观点、思想方法这些根本问题,跟各方面的斗争经验和文化科学知识也有密切的关系,总之,不在语法的范围之内。但是话要说回来,一个人有了正确的、有价值的意思,只因为没有掌握语法,不能任何时候都准确地明白地表达出来,那不仅可惜而且是损失,这种损失不仅属于个人,而且属于社会。这就可见人人有学习语法的必要了。

语法包含些什么内容呢?

话是由词组成的。要把意思表达得正确、明白,一要每一个词选择得恰当,二要一连串词安排得恰当,也就是说,用词造句都要合乎规矩。就单个的词说,各类词的构成和转化,能这样用,不能那样用,都有一定的规矩。就词的相互关系说,哪些词可以搭配,哪些词不能搭配,哪些词必须彼此照应,都有一定的规矩。在一个句子里，哪些词该在先，哪些词该在后，该怎样排列才能明确地表明它们的相互关系，也有一定的规矩。学习语法，就是学习这些用词造句的规矩。学习语法可以看一些书。现在举出几种供选择：吕叔湘和朱德熙合著的《语法修词讲话》，黎锦熙和刘世儒合著的《中国语法教材》，王力的《中国现代语法》，吕叔湘的《语法学习》，张志公的《汉语语法常识》。其中《语法学习》分量少，《汉语语法常识》讲得通俗浅显，可能比较适合于初学的人。

　　根据自己的情况选定一种语法书，当一回事好好读一读，读懂了，懂透了，对语法就能知道个轮廓。为什么说选定一种？节省时间和精力，是一。目的只在知道个轮廓，不必多读，是二。虽然这么说，多读几种当然也可以。假如多读几种，会发现这样的情形，几种语法书的体系不尽相同，讲法不尽一致，所用的名词术语也不完全一样。有些人遇到这样的情形就觉得惶惑，其实不必。探讨体系上、讲法上、所用的名词术语上的异同和优劣，那是进一步的工夫，现在只要知道个轮廓，可以不管。初学的人也没能力管；要是管，往往徒耗精力，对实际应用没多大补益。再说，就轮廓言，几种书的差别是并不大的。

读语法书要联系实际。书中有一些例子，有一些练习，都是实际。此外，咱们每天说话，经常写东西，又随时听人说话，随时读种种报刊书籍，所谓实际，真是俯拾即是。以往没学语法，对这些实际不能凭语法的观点来分析，来比较，来归纳。现在学了语法，长了一双语法的眼睛，就见处处离不了规矩，哪是合，哪是不合，为什么合，为什么不合，全都能辨别出来。切不要仅仅记忆这些规矩，要从说话和写东西的实际中理解这些规矩，消化这些规矩。这样做的时候，既不觉得枯燥，又真能致用，真能达到说话写东西合乎语法的要求。

到这儿应该补充几句，说明为什么只要知道个轮廓。一般学习语法的人不是语法专家，对语法并不作专门研究，他们只希望自觉地掌握这些规矩，提高说话和写东西的能力。读一种语法书，知道个轮廓，无非借此引上路而已。上了路，自己就能联系实际，作分析、比较、归纳的工夫，终于理解这些规矩，消化这些规矩——也就是自觉地掌握这些规矩。那时候，一种语法书可能已经忘掉，语法的轮廓也可能已经忘掉，但是这些规矩融化在生活里了，一辈子受用不尽。

1958年4月20日作

正确的使用句读符号

印书稿用句读符号,已经通行了二十年了,可是多数人还不能把句读符号好好的用。常见有些文字,一段之中尽量用"逗号",直到末了才用个"句号"。"句号"是表示一句话到此为止的:难道一段文字就只是一句话吗?"分号"的乱用尤其普遍:在提到两件或两件以上的事物的地方,便用"分号",如"橘柑;广柑;柚子;川中出产得很多";在意存两可的地方,也用"分号",如"我们三个人或者一同去;或者各自去,都可以"。这都是用错的;"分号"该用在关系极密切的两句话中间,把它们联成一个复句。"问号""叹号"也用得很随便,如"我不知道该怎么办?"和"非常高兴!"这两句实在不需要用"问号"和"叹号",只要用个"句号"就行。"该怎么办"诚然是询问口气,该用"问号",可是在前面加上"我不知道",就并非询问口气了。"非常高兴"只是寻常述说感情的话,和"很觉得悲伤""这大可忧虑"一样,并非感叹口气：并非感叹口气就不该用"叹号"。把符号用错的例子还有很多，这里不再细说。

书稿用句读符号，原为帮助文字，使文字的意义和语气确切不移。读者读了，也可以更清楚的辨明作者的意义和语气，不致发生误会。句读符号的作用如此，可知随便乱用决不是办法。乱用的时候，反而把作者的意义和语气搅糊涂了；读者依据了符号读下去，如果信为不错，非发生误会不可。这样，还不如不用符号好些。

消极的不用，便是放弃了一宗利器，当然不对。从积极的方面想，对于句读符号这一宗利器，必须好好的正确的用。学校国文课内，不注意学生使用符号的训练，这是一种错失。在学生方面，虽没有从国文课内受到训练，却可以自己训练。用些符号到底不是什么艰难的事。教育部颁行的《新式标点符号方案》，黎锦熙先生的《国语文法》里就转载着，书局里也有些专讲使用符号的书，只要拿来一看，那些符号的正确用法就明白了。明白了之后，只要多多历练，实地应用，正确使用的习惯就养成了。

在清朝末年，开明些的私塾先生往往教学生点读《申报》《新闻报》的论文，那时候的的报纸是完全不用句读符号的。以前的书也多不用符号，点书是程度较高的学生的一项功课，或点《史记》，或点《读通鉴论》。在点读的当儿，情形和寻常看下去不同，非把文中每个词儿每一句子辨认清楚，体会明白，你就下不来点。因为要下点，迫着你不得不"精读"，从这个方法，好些人"读通"了。现在的句读符号不像从前那样只有一种"点"，要把每种符号都下得恰当，辨认和体会更得多下些工夫。对于一部没有符号的书，如果读者给加上各种符号，没有错误，了解的程度总在六七分以上了。前面说的要历练，就可以用这个方法：选取没有符号的书来读，审慎的加上各种符号。

另一种的历练方法就是每逢动笔作文，总得使用符号。作文时候连笔写下去，难免有粗疏的毛病。检出那些疵病的处所，加以修改，原是完篇以后应做的事儿。但是，如果使用符号的话，为了要把符号安排得恰当，在逐句写下去的当儿，就先已做了一番检讨的工夫。自以为说出了一个意思，可是从文字上看，却下不来个"句号"：那一定是文字还没有表达得完全。自以为某一处该用反问的口气才传神，可是从文字上看，却没法安排个"问号"：那一定是语气的表达还有些问题。所以，使用符号（当然指正确的用而言）有益于写作，可以使文字完密，至少不会有前言不对后语的毛病。常常看见一些作文本子，脱节和漏洞到处都是，所用的符号也马马虎虎。我想，作者如果明白了符号的正确用法，又养成了审慎使用符号的习惯，对于那些脱节和漏洞，该会自己检出，不必劳教师提起笔来修改了吧。（像这样的一句话，有些人往往在"吧"字之下用个"问号"；其实这只是猜度的口气，毫无询问的意味，决不能用"问号"。）

有些人在写完了一篇文字之后，再从头看过，加上符号；这不算好习惯。我们平时说话，在意思没有完足的时候作短短的停顿，在完足了一个意思的时候作较长的停顿，在疑问或惊叹的时候都用特种的声调说出。文字中的符号就代表那些停顿和声调，必须在写下去的当儿，遇到该用符号的处所就用上符号，才贴合语言之自然。这样习惯了，符号就成为文字的有机成分，犹如停顿和声调是语言的有机成分一样：这才收到使用符号的最大效果。

1942年2月1日发表

修 辞

譬喻

说述一件事物的情形,用别的事物来比拟,这是我们常用的一种积极修辞法,叫做譬喻。如:

塔皆四方形,……渐上渐削,形如峻坂,至顶平处,仅大如桌面矣。石色黑,巨如柜,略成阶级,可拾之而升,远望颇如天生成者。

于是这些上山的勇士,便仿佛纸人遇着疾风似的统统翻身倒坠下来。

火一般的阳光晒得战士们的血越沸腾了!

我回想龙潭的经过,就觉得完完全全同昨天的遭遇一样。

就上面几个例看,文句中有三个部分。一是所说的事物,如"形如峻坂"中的"形";二是取譬的另一事物,如"峻坂";三是表示譬喻的关系语,即"如"。

表示譬喻的关系语，文言体①于"如"以外，还有"似""犹""若"等字，语体则有"般""像""仿佛""如同""像……似的""好比……一样"等等。

譬喻的效用，第一是帮助理解，"形如峻坂""大如桌面"，都是利用读者所常见的事物来说述本事物的，就是想教读者从既知的东西类推到未知的东西。第二是增加文章的趣味。"火一般的阳光""这些上山的勇士便仿佛纸人遇着疾风似的统统翻身倒坠下来"，这是"火"来烘托"阳光"，用"纸人遇着疾风"来描绘"勇士倒坠下来"的光景的。读者因了"火"这一语可以增加对于"阳光"的趣味，因了"纸人遇着疾风"这一语可以增加对于"勇士倒坠下来"的趣味。

用譬喻有几个条件。第一须新鲜，久经惯用的譬喻，如什么"光阴如箭""人生如朝露"之类，在初用的作者原是好譬喻，我们再来用时就不能动人了。第二须妥适，把大的东西去比过小的东西，如说"香炉像火山似地喷着烟"，把小的东西去比过大的东西，如说"战场上的呐喊声如蚊叫一般"，都是不妥适的譬喻法。此外如把难解晦涩的术语用在譬喻里，须经说明才能使读

---

① 文言体：文言文。

者明白,也就失了譬喻的功用,不合乎妥适的条件。第三须选用本质不同的事物,用本质相同的事物作譬喻,如说"火车的汽笛像轮船的汽笛似地叫着",就等于不用譬喻。又,彼此相类属的事物,如"狗"对于"动物","风水"对于"迷信",只能做为例证,不能用为譬喻。

用譬喻的文句通常有"如""像"等关系语,前面已经提及。但也有不用这些关系语,而把所说的事物和作为譬喻的事物各造成一句,彼此连在一处的。这种情形,在格言和俚谚里常常可以见到。例如:

刀在石上磨,人在事上磨。(譬喻在前)
养儿防老,积谷防饥。(譬喻在后)

譬喻有好几种。像上面所说的格式,是所说的事物和做为譬喻的事物明白显露着的,叫做明喻。和明喻相对,有隐喻和借喻二种。

比明喻更进一步的叫做隐喻。明喻看得出所说的事物(甲)和譬喻的事物(乙)两部分,隐喻却把两部分结在一起,不再分开。明喻的句式是"甲如同乙",隐喻的句式是"甲就是乙"。例如:

研究呀，向着学问的大海书籍只是海边上的一只破船。

如果用明喻的格式来说，应该是"学问的广阔无限像大海一样"，"书籍对于学问，其藐小好比海边上的一只破船"，这里却直接说作"学问的大海""书籍只是海边上的一只破船"了这种说法很多。如：

日本的小山多半是扁圆的，大家说笑，便道是"馒头山"。

斜阳的金光长蛇般自天边直接到栏边人立处。

只要我澎湃的脑海中还漂着一叶记忆孤舟。

原来我们自家的战队已在密集的弹雨之下前进。

我们日常的用语中，如"瀑布""金言""蜜月"等都是属于隐喻的。

比隐喻更进一步的叫做借喻。隐喻虽把"甲""乙"联在起，还看得出有"甲"和"乙"，借喻却把"甲"省去而只留剩"乙"，简直用譬喻的事物直接代替所说的事物了。例如：

你不要戴了颜色眼镜看人。

他想吃天鹅肉哩。

第一例是说"你对人不要有成见",第二例是说"他在做非分之想",可是在句中却把本来要说的话省去不说,而用别的话来代替。这是譬喻中最经济的一种方式,也是比较最难用的一种方式。

借喻不但可用在一句文句里,也可用在全篇文章里。文章有全篇是借喻的,这情形在寓言或讽刺文里最为常见。像《愚公移山》就是。《愚公移山》表面上虽是写愚公移山的故事,本意却在劝人不要怕困难。

明喻、隐喻、借喻三者之中,明喻最详,隐喻较简,借喻更简。明喻的几个原则,在隐喻、借喻里也完全适用。

拟人和拟物

把事物的动作和情状当做有生命的人的动作或情状来说述,这是文章和谈话所常有的一种修辞方法,叫做拟人法。例如:

这座屋子的年龄现在已有三十九岁了。

俯视深坑，怪峰在脚底相待。

还有寂寞的瓦片风筝，没有风轮，又放得很低，伶仃地显出憔悴可怜模样。

为什么这个炭酸气要从水中逃出呢？

上面所举的都是把无生命的东西当作人的说法。

拟人法中还有一种叫事物开口说话的方法，这不但把事物的动作、情状比拟做人的动作情状，简直把它当作人来处置了。这时候，为要使非人的事物像人，往往在事物的称呼上加附着像人的称呼。例如：

"喂，在上面的朋友，你给什么东西迷住心了？你忘记了从前！"在基台一角的一块小石慢吞吞地说，宛如唤醒醉人，每个字音都发来清楚，着实。

"怎么样？"上面那块石头觉得出乎意料，但不肯放弃傲慢的声气。

小雨点见了河伯伯觉得自己很小，便问他道："河伯伯，我为什么这样小？"

河伯伯笑着答道："好孩子，这不打紧，我小的时候也和你一样。"

在上面二例里,"石头""雨点""河"有情感,会说话,都已是俨然的"人"了,这种时候拟人法不但应用于一句一节,往往应用于全篇,在寓言、童话、故事中,常可看到这情形。

把事物当做人来处置的是拟人法。反之,我们在文章或谈话中还有把人当作事物来处置的方法,如把"教师"说作"留声机器",把"守财奴"说作"铁洋箱",以及把"女子"说作"花"之类都是:对于拟人,这可叫做拟物。再从我们读过的文章中举例如下:

一个朋友说过,"我若是灯,我就要让我的光明来照彻黑暗"。

我不配做一盏明灯,那么让我来做一块木柴吧。

拟物的说法,不如拟人的多见。且用在文章或谈话中,也只是部分的,不像拟人法可以应用到全部。

拟人和拟物这两种修辞方法,适应于情感饱和、物我交融的情境。若在没有饱和的情感,物我二者应该明白区别时漫然运用,就不自然了。

设问

我们说话的时候，遇有疑问，就用疑问来表达，这是很寻常的。可是，有时说话者自己并无疑问，故意用疑问句来表达的情形也未尝没有。例如：

"从第几课起？"他反复着说，"教到什么地方了？"

什么叫旧生活？是枯燥的，是退化的。什么叫新生活？是丰富的，是进步的。

上面二例之中，第一例是真实的疑问，因为说话的人对于所问的事情真个不知道，所以要请对手来回答。第二例是虚设的疑问，说话的人明明有答案在自己心里，故意先发一疑问，然后自己再来解答。

这种故意虚设的疑问，修辞学上叫做设问，是说话、写作上常用到的一种修辞方式。因了性质，可分为两种。

（一）附解答的

这是自己发问，立刻自己把解答说出在后面的方式。如上面的第二例就是，再举几个例如下：

你知道中国最有名的人是谁？提起此人，人人皆晓，处处闻名，他姓差，名不多，是各省各县各村人氏。

问君能有几多愁？恰似一江春水向东流。

工作乏了他也——不是，瘟疫染了他也——不是，掘地底机器，居然也妒嫉他来，把勇猛的五十榨成了肉酱。

这种设问法，目的在引起对手的注意。自己要对人说一件事理，恐怕对手不加注意，故意提出一疑问，使对手也发生疑问，然后把自己本来要说的事理，当作对于这疑问的解答而提出；这时候对手已因了最初所提出的疑问，心理上造成了想得到解答的准备，对于后来所提出的事理，就容易感受。这种设问法的价值就在此。

（二）不附解答的

这是只提出疑问，让对手自己去寻求解答的说法。例如：

春花秋月何时了？往事知多少！
将军迎操，欲安所归乎？
况操自送死，而可迎之邪？

余曰,"酒菜固便矣。茶乏烹具。"芸曰,"携一砂罐去,以铁叉串罐柄,去其锅,悬于行灶中,加柴火煎茶,不亦便乎?"

一别二年多了,康桥,谁知我这思乡的隐忧?

这些例里虽不附解答,可是解答就在反面,容易看出。"春花秋月何时了?"等于说"春花秋月无时了"。"不亦便乎?"等于说"亦便"。肯定的话用否定的形式来说,否定的话用肯定的形式来说,是这种设问法的一个特点。

这种设问法的价值,在避去说话者独断的嫌疑,给对手以判断的自由。说话者意旨怎样原是已经决定了的,故意不明白直说,假装着疑问的口吻,让对手自己踏入预先设定的意旨范围里去,结果反会较直说有力。

以上两种设问法,各有它的价值,在适当的情境中可以发生效力,但不可滥用。第一法须用在有引起对手的注意的必要的时候,漫然地多用"为什么呢?""何以故?"徒使说话或文章平凡冗长,致令对手厌倦。第二法在应当明白表出意旨时就不适用。

摹状

说述一种事物，为要使它情状逼真起见，常把从事物得到的感觉说述出来。所谓"绘声绘形"，就是这种方法。修辞学里叫做摹状。

摹状是记述我们对于事物的感觉的，感觉之中，谈话、写作上取得最多的是视觉和听觉两种，尤其是听觉。

灯火荧荧每至夜分。

武松走了一程，……见一块光挞挞大青石……，只听得乱树背后扑地一声响，……簌簌地将那树连枝带叶劈脸打将下来；……就势把大虫顶花皮胳搭地揪住。

过了一会，手"拍"地自然放下。

帘外雨潺潺。

摹状的特色，在乎不经解释，把原来的感觉照样传出，所以所用的字往往并无意义，尤其是关于听觉的，如说"狗汪汪地叫""雷声隆隆"。"汪""隆"等字只表声音，并不用它原来的解释。这情形和普通的形容修饰法大异。例如：

乌黑的一身羽毛，光滑漂亮积伶积俐，加上一双剪刀似的尾巴，一对劲俊轻快的翅膀，凑成了那样可爱的活泼的一只小燕子。

这里面所用的形容修饰语，都是经过作者解释的，例如"光滑漂亮""劲俊轻快"等都是作者对于自己感觉的解释，并非感觉的原来的面目，方式和摹状不同。

严密地说，摹状的修辞方式，最适合的只有听觉，前面所引的例如"灯火荧荧""见一块光挞挞大青石"是关于视觉的，说"荧荧"说"光"也多少有经过解释的地方。所以摹状法一名摹声法。

摹状法在谈话、写作上常有人用。可是也要用得适当，一不小心，就会犯轻浮的毛病。"当，当，当，钟鸣三下""蝉在树上知了、知了、知了……地高唱"，这类的说法如果漫无限制地乱用在谈话或写作上，也是很不适当的。

排比

在谈话或文章里，有时接连数句调子构造相同，听去读去，不但不觉得重复单调，反而觉得和谐流畅的，这叫做排比法。如：

凡能由筋肉的动作感受得到的现象，属于力学的研究范围。凡能由皮肤的接触感受得到的现象，属于热学的研究范围。凡能由耳膜的振动感受得到的现象，属于音学的研究范围。凡能由视神经的刺激感受得到的现象，属于光学的研究范围。

　　这一段文章，是用同调子的词句叠接而成的，就是用着排比法的文章。排比法通常适用于并列的说述。一串并列的事项用同调子的句子排比起来：第一种效果是可以使听者或读者平等地把各项来注意；第二种效果是能使谈话或文章获得整片的部分，免去支离零星的缺陷。

　　上面所举的例，是逐句排比的，每句各部分调子都相同。排比的方式，并不止这一种，尚有间隔成排或略加变化。如：

　　你们将要在国民的思想的田里播下什么种子呢？那是刚勇，对于正义的爱，对于自由的渴慕的种子，还是卑鄙的等着机会的便宜主义，对于快乐的贪欲的种子呢？你们将要用了什么花去装饰国民的心灵的园呢？那是勇敢、坚定、正直与诚信的花，还是野心、谄媚、轻信与自满的花呢？

　　我们要怎样借给你们钱，送给你们军事顾问，训练你们的巡警，剿你们的土匪，保你们的国防，替你们治安。

第一例"你们将……呢"和"那是……还是……呢"二调子间着排比，第二例"怎样"下的一串都是调子大同小异的构造，可以说是经过变化的排比。

排比是一项习用的修辞法，只要在谈话、文章上留心，差不多随时可以碰到。排比的范围有大有小，有时出现在一句中，有时出现在数句或某一片段中，有时竟出现在整篇中。把整篇分成几个段落，用同调子的句子来结束的文章，古来也并非没有，如《公羊传》中就常有这种例子。

排比是把同性质的事项用同调子来说述的方法，结果就是列举。用得不适当，可以使谈话或文章累赘拖沓。什么情境之下该用排比，什么情境之下不该用排比，这是值得随时留心的问题。

开头和结尾

写一篇文章,预备给人家看,这和当众演说很相像,和信口漫谈却不同。当众演说,无论是发一番议论或者讲一个故事,总得认定中心,凡是和中心有关系的才容纳进去,没有关系的,即使是好意思、好想象、好描摹、好比喻,也得丢掉。一场演说必须是一件独立的东西。信口漫谈可就不同。几个人的漫谈,话说像藤蔓一样爬开来,一忽儿谈这个,一忽儿谈那个,全体没有中心,每段都不能独立。这种漫谈本来没有什么目的,话说过了也就完事了。若是抱有目的,要把自己的情意告诉人家,用口演说也好,用笔写文章也好,总得对准中心用功夫,总得说成或者写成一件独立的东西。不然,人家就会弄不清楚你在说什么写什么,因而你的目的就难达到。

中心认定了,一件独立的东西在意想中形成了,怎样开头怎样结尾原是很自然的事,不用费什么矫揉造作的功夫了。开头和结尾也是和中心有关系的材料,也是那独立的东西的一部分，并不是另外加添上去的。然而有许多人往往因为习惯不良或者少加思考，就在开头和结尾的地方出了毛病。在会场里，我们时常听见演说者这么说："兄弟今天不曾预备，实在没有什么可以说的。"演说完了，又说："兄弟这一番话只是随便说说的，实在没有什么意思，请诸位原谅。"谁也明白，这些都是谦虚的话。可是，在说出来之前，演说者未免少了一点思考。你说不曾预备，没有什么可以说的，那么为什么要踏上演说台呢？随后说出来的，无论是三言两语或者长篇大论，又算不算"可以说的"呢？你说随便说说，没有什么意思，那么刚才的一本正经，是不是逢场作戏呢？自己都相信不过的话，却要说给人家听，又算是一种什么态度呢？如果这样询问，演说者一定会爽然自失，回答不出来。其实他受的习惯的累，他听见人家都这么说，自己也就这么说，说成了习惯，不知道这样的头尾对于演说是没有帮助反而有损害的。不要这种无谓的谦虚，删去这种有害的头尾，岂不干净而有效得多？还有，演说者每每说："兄弟能在这里说几句话，十分荣幸。"这是通常的含有礼貌的开头，不能说有什么毛病。然而听众听到，总不免想："又是那老套来了。"听众这么一想，自然而然把注意力放松，于是演说者的演说效果就跟着打了折扣。什么事都如此，一回两回见得新鲜，成为老套就嫌乏味。所以老套以能够避免为妙。演说的开头要有礼貌，应该找一些新鲜而又适宜的话来说。原不必按照着公式，说什么"兄弟能在这里说几句话，十分荣幸。"

各种体裁的文章里头，书信的开头和结尾差不多是规定的。书信的构造通常分做三部分；除第二部分叙述事务，为书信的主要部分外，第一部分叫做"前文"，就是开头，内容是寻常的招呼和寒暄，第三部分叫做"后文"，就是结尾，内容也是招呼和寒暄。这样构造原本于人情，终于成为格式。从前的书信往往有前文后文非常繁复，竟至超过了叙述事务的主要部分的。近来流行简单的了，大概还保存着前文后文的痕迹。有一些书信完全略去前文后文，使人读了感到一种隽妙的趣味。不过这样的书信宜于寄给亲密的朋友。如果寄给尊长或者客气一点的朋友，还是依从格式，具备前文后文，才见得合乎礼谊。

记述文记述一件事物，必得先提出该事物，然后把各部分分项写下去。如果一开头就写各部分，人家就不明白你在说什么了。我曾经记述一位朋友赠我的一张华山风景片。开头说："贺昌群先生游罢华山，寄给我一张十二寸的放大片。"又如魏学洢的《核舟记》，开头说："明有奇巧人曰王叔远，能以径寸之木为宫室、器皿、人物以至鸟、兽、木、石，罔不因势像形，各具情态。尝贻余核舟一，盖大苏泛赤壁云。"不先提出"寄给我一张十二寸的放大片"以及"尝贻余核舟一"，以下的文字事实上没法写的。各部分记述过了，自然要来个结尾。像《核舟记》统计了核舟所有人物器具的数目，接着说"而计其长曾不盈寸，盖简桃核修狭者为之。"这已非常完整，把核舟的精巧表达得很明显的了。可是作者还要加上另外一个结尾，说：

魏子详瞩既毕，诧曰：嘻，技亦灵怪矣哉！《庄》《列》所载称惊犹鬼神者良多，然谁有游削于不寸之质而须麋了然者？假有人焉，举我言以复于我，亦必疑其诳，乃今亲睹之。繇斯以观，棘刺之端未必不可为母猴也。嘻，技亦灵怪矣哉！

这实在是画蛇添足的勾当。从前人往往欢喜这么做，以为有了这一发挥，虽然记述小东西，也可以即小见大。不知道这么一个结尾以后的结尾无非说明那个桃核极小而雕刻极精，至可惊异罢了。而这是不必特别说明的，因为全篇的记述都暗示着这层意思。作者偏要格外讨好，反而教人起一种不统一的感觉。我那篇记述华山风景片的文字，没有写这种"结尾以后的结尾"，在写过了照片的各部分之后，结尾说："这里叫做长空栈，是华山有名的险峻处所。"用点明来收场，不离乎全篇的中心。

叙述文叙述一件事情，事情的经过必然占着一段时间，依照时间的顺序来写，大致不会发生错误。这就是说，把事情的开端作为文章的开头，把事情的收梢作为文章的结尾。多数的叙述文都用这种方式，也不必举什么例子。又有为要叙明开端所写的事情的来历和原因，不得不回上去写以前时间所发生的事情。这样把时间倒错了来叙述，也是常见的。如丰子恺的《从孩子得到的启示》，开头写晚上和孩子随意谈话，问他最欢喜什么事，孩子回答说是逃难。在继续了一回问答之后，才悟出孩子所以喜欢逃难的缘故。如果就此为止，作者固然明白了，读者还没有明白。作者要使读者也明白孩子为什么欢喜逃难，就不得不用倒错的叙述方式，回上去写一个月以前的逃难情形了。在近代小说里，倒错叙述的例子很多，往往有开头写今天的事情，而接下去却写几天前几月前几年前的经过的。这不是故意弄什么花巧，大概由于今天这事情来得重要,占着主位,而从前的经过处于旁位,只供点明脉络之用的缘故。

说明文大体也有一定的方式。开头往往把所要说明的事物下一个诠释,立一个定义。例如说明"自由",就先从"什么叫做自由"入手。这正同小学生作"房屋"的题目用"房屋是用砖头木材建筑起来的"来开头一样。平凡固然平凡,然而是文章的常轨,不能说这有什么毛病。从下诠释、立定义开了头,接下去把诠释和定义里的语义和内容推阐明白,然后来一个结尾,这样就是一篇有条有理的说明文。蔡元培的《我的新生活观》可以说是适当的例子。那篇文章开头说:

什么叫做旧生活?是枯燥的,是退化的。什么叫做新生活?是丰富的,是进步的。

这就是下诠释、立定义。接着说旧生活的人不作工又不求学,所以他们的生活是枯燥的、退化的,新生活的人既要作工又要求学,所以他们的生活是丰富的、进步的。结尾说如果一个人能够天天作工求学,就是新生活的人,一个团体里的人能够天天作工求学,就是新生活的团体,全世界的人能够天天作工求学,就是新生活的世界。这见得作工求学的可贵,新生活的不可不追求。而写作这一篇的本旨也就在这里表达出来了。

再讲到议论文。议论文虽有各种,总之是提出自己的一种主张。现在略去那些细节且不说,单说怎样把主张提出来,这大概只有两种开头方式。如果所论的题目是大家周知的,开头就把自己的主张提出来,这是一种方式。譬如今年长江、黄河流域都闹水灾,报纸上每天用很多篇幅记载各处的灾况,这可以说是大家周知的了。在这时候要主张怎样救灾、怎样治水,尽不妨开头就提出来,更不用累累赘赘先叙述那灾况怎样地严重。如果所论的题目在一般人意想中还不很熟悉,那就先把它述说明白,让大家有一个考量的范围,不至于茫然无知,全不接头,然后把自己的主张提出来,使大家心悦诚服地接受,这是又一种方式。胡适的《不朽》是这种方式的适当的例子。"不朽"含有怎样的意义,一般人未必十分了然,所以那篇文章的开头说:

不朽有种种说法,但是总括看来,只有两种说法是有区别的。一种是把"不朽"解作灵魂不灭的意思。一种就是《春秋左传》上说的"三不朽"。

这就是指明从来对于不朽的认识。以下分头揭出这两种不朽论的缺点,认为对于一般的人生行为上没有什么重大的影响。到这里,读者一定盼望知道不朽论应该怎样才算得完善。于是作者提出他的主张所谓"社会的不朽论"来。在列举了一些例证,又和以前的不朽论比较了一番之后,他用下面的一段文字作结尾:

我这个现在的"小我",对于那永远不朽的"大我"的无穷过去,须负重大的责任,对于那永远不朽的"大我"的无穷未来,也须负重大的责任。我须要时时想着,我应该如何努力利用现在的"小我",方才可以不孤负了那"大我"的无穷过去,方才可以不遗害那"大我"的无穷未来?

这是作者的"社会的不朽论"的扼要说明,放在末了,有引人注意、促人深省的效果。所以,就构造说,这实在是一篇完整的议论文。

普通文的开头和结尾大略说过了,再来说感想文、描写文、抒情文、纪游文以及小说等所谓文学的文章。这类文章的开头,大别有冒头法和破题法两种。冒头法是不就触到本题,开头先来一个发端的方式。如茅盾的《都市文学》，把"中国第一大都市，'东方的巴黎'——上海，一天比一天'发展'了"作为冒头，然后叙述上海的现况，渐渐引到都市文学上去。破题法开头不用什么发端，马上就触到本题。如朱自清的《背影》，开头说"我与父亲不相见已二年馀了，我最不能忘记的是他的背影"，就是一个适当的例子。

曾经有人说过，一篇文章的开头极难，好比画家对着一幅白纸，总得费许多踌躇，去考量应该在什么地方下第一笔。这个话其实也不尽然。有修养的画家并不是画了第一笔再斟酌第二笔的，在一笔也不曾下之前，对着白纸已经考量停当，心目中早就有了全幅的布置了。布置既定，什么地方该下第一笔原是摆好在那里的事。作文也是一样。作者在一个字也不曾写之前，整篇文章已经活现在胸中了。这时候，该用什么方法开头，开头该用怎样的话，也都派定注就，再不必特地用什么搜寻的功夫。不过这是指有修养的人而言。如果是不能预先统筹全局的人，开头的确是一件难事。而且，岂止开头而已，他一句句一段段写下去将无处不难。他简直是盲人骑瞎马，哪里会知道一路前去撞着些什么？

文章的开头犹如一幕戏剧刚开幕的一刹那的情景，选择得适当，足以奠定全幕的情调，笼罩全幕的空气，使人家立刻把纷乱的杂念放下,专心一志看那下文的发展。如鲁迅的《秋夜》,描写秋夜对景的一些奇幻峭拔的心情,用如下的文句来开头:

在我的后园,可以看见墙外有两株树。一株是枣树,还有一株也是枣树。

"还有一株也是枣树"是并不寻常的说法,拗强而特异,足以引起人家的注意,而以下文章的情调差不多都和这一句一致。又如茅盾的《雾》,用"雾遮没了正对着后窗的一带山峰"来开头,全篇的空气就给这一句凝聚起来了。以上两例都属于显出力量的一类。另有一种开头,淡淡着笔,并不觉得有什么力量,可是同样可以传出全篇的情调,范围全篇的空气。如龚自珍的《记王隐君》,开头说:

于外王父段先生废簏中见一诗,不能忘。于西湖僧经箱中见书《心经》,蠹且半,如遇簏中诗也,益不能忘。

这个开头只觉得轻松随便,然而平淡而有韵味,一来可以暗示下文所记王隐君的生活，二来先行提出书法，可以作为下文访知王隐君的关键。仔细吟味，真是说不尽的妙趣。

现在再来说结尾。略知文章甘苦的人一定有这么一种经验：找到适当的结尾好像行路的人遇到了一处适合的休息场所，在这里他可以安心歇脚，舒舒服服地停止他的进程。若是找不到适当的结尾而勉强作结，就像行路的人歇脚在日晒风吹的路旁，总觉得不是个妥当的地方。至于这所谓"找"，当然要在计划全篇的时候做，结尾和开头和中部都得在动笔之前有了成竹。如果待临时再找，也不免有盲人骑瞎马的危险。

结尾是文章完了的地方，但结尾最忌的却是真个完了。要文字虽完了而意义还没有尽，使读者好像嚼橄榄，已经咽了下去而嘴里还有馀味，又好像听音乐，已经到了末拍而耳朵里还有馀音，那才是好的结尾。归有光《项脊轩志》的跋尾既已叙述了他的妻子与项脊轩的因缘，又说了修葺该轩的事，末了说：

庭有枇杷树，吾妻死之年所手植也，今已亭亭如盖矣。

这个结尾很好。骤然看去，也只是记叙庭中的那株枇杷树罢了，但是仔细吟味起来，这里头有物在人亡的感慨，有死者渺远的惆怅。虽则不过一句话，可是含蓄的意义很多，所谓"馀味""馀音"就指这样的情形而言。我曾经作过一篇题名《遗腹子》的小说，叙述一对夫妇只生女孩不生男孩，在绝望而纳妾之后，大太太居然生了一个男孩；不久那个男孩就病死了；于是丈夫伤心得很，一晚上喝醉了酒，跌在河里淹死了；大太太发了神经病，只说自己肚皮里又怀了孕，然而遗腹子总是不见产生。到这里，故事已经完毕，结句说：

这时候，颇有些人来为大小姐二小姐说亲了。

这句话有点冷隽，见得后一代又将踏上前一代的道路，生男育女，盼男嫌女，重演那一套把戏，这样传递下去，正不知何年何代才休歇呢。我又有一篇小说叫做《风潮》，叙述中学学生因为对一个教师的反感，做了点越规行动，就有一个学生被除了名；大家的义愤和好奇心就此不可遏制，捣毁校具，联名退学，个个人都自视为英雄。到这里，我的结尾是：

路上遇见相识的人问他们做什么时，他们用夸耀的声气回答道："我们起风潮了！"

这样结尾把全篇停止在最热闹的情态上，很有点儿力量，"我们起风潮了"这句话如闻其声，这里头含蓄着一群学生在极度兴奋时种种的心情。以上是我所写的两篇小说的结尾，现在附带提起，作为带有"馀味""馀音"的例子。

结尾有回顾开头的一式，往往使读者起一种快感：好像登山涉水之后，重又回到原来的出发点，坐定下来，得以转过头去温习一番刚才经历的山水一般。极端的例子是开头用的什么话结尾也用同样的话。如林嗣环的《口技》，开头说：

京中有善口技者。会宾客大宴，于厅事之东北隅，施八尺屏幛，口技人坐屏幛中，一桌、一椅、一扇、一抚尺而已。

结尾说：

忽然抚尺一下，众响毕绝。撤屏视之，一人、一桌、一椅、一扇、一抚尺而已。

前后同用"一桌、一椅、一扇、一抚尺而已",把设备的简单冷落反衬口技表演的繁杂热闹,使人读罢了还得凝神去想。如果只写到"忽然抚尺一下,众响毕绝",虽没有什么不通,然而总觉得这样还不是了局呢。

1935年11月1日发表

组　织

我们平时有这么一种经验：有时觉得神思忽来，情意满腔，自以为这是值得写而且欢喜写的材料了。于是匆匆落笔，希望享受成功的喜悦。孰知成篇以后，却觉这篇文字并不就是我所要写的材料，先前的材料要胜过这成篇的文字百倍呢。因此，爽然自失，感到失败的苦闷。刘勰说："方其搦翰①，气倍辞前；暨乎篇成，半折心始。何则？意翻空而易奇，言征实而难巧也。"他真能说出这种经验以及它的来由。从他的话来看，可知所以致此，一在材料不尽结实，一在表达未得其道。而前者更重于后者。表达不得当，还可以重行修改；材料空浮，那就根本上不成立了。所以虽然说，如其生活在向着求充实的路上，就可以绝无顾虑，待写作的欲望兴起时，便大胆地、自信地写作，但不得不细心地、周妥地下一番组织的工夫。既经组织，假如这材料确是空浮

---

① 搦（nuò）翰：拿起笔来写作或作画的行为。

的，便立刻会觉察出来，因而自愿把写作的欲望打消了。假如并非空浮，只是不很结实，那就可以靠着组织的功能，补充它的缺陷。拿什么来补充呢？这唯有回到源头去，仍旧从生活里寻找，仍旧从思想、情感上着手。

有人说，文字既然源于生活，则写出的时候只须顺着思想、情感之自然就是了。又说组织，岂非多事？这已在前面解答了，材料空浮与否，结实与否，不经组织，将无从知晓，这是一层。更有一层，就是思想、情感之自然未必即与文字的组织相同。我们内蓄情思，往往于一刹那间感其全体；而文字必须一字一句连续而下，仿佛一条线索，直到终篇才会显示出全体。又，蓄于中的情思往往有累赘、凌乱等等情形；而形诸文字，必须不多不少、有条有理才行。因此，当写作之初，不得不把材料具体化，使成为可以独立而且可以照样拿出来的一件完美的东西。而组织的工夫就是要达到这种企图。这样才能使写出来的正就是所要写的；不致被"翻空"的意思所引诱，徒然因"半折心始"而兴叹。

所以组织是写作的第一步工夫。经了这一步，材料方是实在的，可以写下来，不仅是笼统地觉得可以写下来。经过组织的材料就譬如建筑的图样，依着兴筑，没有不成恰如图样所示的屋宇的。

组织到怎样才算完成呢？我们可以设一个譬喻，要把材料组成一个圆球，才算到了完成的地步。圆球这东西最是美满，浑凝调合，周遍一致，恰是一篇独立的、有生命的文字的象征。圆球有一个中心，各部分都向中心环拱着。而各部分又必密合无间，不容更动，方得成为圆球。一篇文字的各部分也应环拱于中心（这是指所要写出的总旨，如对于一件事情的论断，蕴蓄于中而非吐不可的情感之类），为着中心而存在。而且各部分应有最适当的定位列次，以期成为一篇圆满的文字。

　　至此，我们可以知道组织的着手方法了。为要使各部分环拱于中心，就得致力于剪裁。为要使各部分密合妥适，就得致力于排次。把所有的材料逐部审查，而以是否与总旨一致为标准，这时候自然知所去取，于是检定一致的、必要的，去掉不一致的、不切用的，或者还补充上遗漏的、不容少的，这就是剪裁的工夫。经过剪裁的材料方是可以确信的需用的材料。然后把材料排次起来，而以是否合于论理上的顺序为尺度，这时候自然有所觉知。于是让某部居开端，某部居末梢，某部与某部衔接；而某部与某部之间如其有复叠或罅隙①，也会

---

① 罅（xià）隙：瑕疵；缺憾。

发现出来,并且知道应当怎样去修补。到这地步,材料的具体化已经完成了;它不特是成熟于内面的,而且是可以照样宣示于外面的了。

一篇文字的所以独立,不得与别篇合并,也不得剖分为数篇,只因它有一个总旨,它是一件圆满的东西;据此以推,则篇中的每一段虽是全篇的一部分,也必定自有它的总旨与圆满的结构,所以不能合并,不能剖分,而为独立的一段。要希望一段果真达到这样子,当然也得下一番组织的工夫,就一段内加以剪裁与排次。逐段经过组织,逐段充分健全,于是有充分健全的整篇了。

若再缩小范围,每节的对于一段,每句的对于一节,也无非是这样情形。唯恐不能尽量表示所要写出的总旨,所以篇、段、节、句都逐一留意组织。到每句的组织就绪,作文的事情也就完毕了。因此可以说,由既具材料到写作成篇,只是一串组织的工夫。

要实行这种办法,最好先把材料的各部分列举出来,加以剪裁,更为之排次,制定一个全篇的纲要。然后依着写作,同时再注意于每节每句的组织。这样才是有计画有把握的作文;别的且不讲,至少可免"暨乎篇成,半折心始"的弊病。

或以为大作家写作，可无须组织，纯任机缘，便成妙文。其实不然。大作家技术纯熟，能在意念中组织，甚且能不自觉地组织，所谓"腹稿"，所谓"宿构"，便是；而决非不须组织。

作文的必须组织，正同作事的必须筹画一样。

关于散文写作

——答《文艺知识连丛》编者问

一、通常所谓散文、小品文、杂文，它们究竟有些什么区别？

答：现在有散文、小品文、杂文同不同的名称。似乎搭起一副文艺架子的归入散文一类，写些小感想小景物的归入小品文一类，现实性较强的归入杂文一类。其实，如果不用这些观点来区分，除去小说、诗歌、戏剧之外，都是散文。

二、散文的结构有何凭借？小说有故事，论文靠理论，散文是不是如有些人说的"从心所欲"放纵写去的？

答：总也要有个中心。

三、意境是什么？怎样产生的？

答：接触事物的时候，自己得到的一点什么，就是"意境"。

也就是"君子无入而不自得"一句话里那个"自得"的东西。

四、你的最满意的作品是怎样发现题材？怎样产生那意境？怎样写成的？

答：创作过程无非想清楚了就写。没有满意的文章，所以底下的问题不能回答。

五、写作是不是有灵感？怎样的一种境界谓之灵感？

答：得到意境的时候，有人说是"灵感"来了。

六、困苦的生活会不会扼杀写作的灵感？在工作中学习写作是否可能？

答：我想困苦的生活不至于扼杀灵感。但是，因困苦而流于颓唐，连念头都懒得想，那当然没有办法。在工作中学习写作大概是可能的。

七、怎样润饰字句？活的语言是怎么获得的？

答：能够表现意境的语句，用得准确，贴切，并且不厌其详。与意境无关的，最好一概不要。润饰字句要以活的语言为标准，比活的语言更精粹。

八、初学写作时，先习作散文，是否较为适宜？

答：适宜。

1947年7月1日发表

文章的分类

文章究竟有多少种类,中外古今说法不一。最基本的分类法把文章分为两种:一种是作者自己不说话的文章;一种是作者自己说话的文章。前者普通叫做记叙文;后者普通叫做论说文。

记叙文的目的在把事物的形状或变化写出来传给大家看,叫大家看了文章,犹如亲身经验到的一样。作者用不着表示意见,只须站在旁观的地位,把那事物的形状或变化的所有情形报告明白就好了。

论说文是作者对于事物的评论或对于事理的说明,目的在叫大家信服、理解。作者在报告事物的情形以外,还要附带说述自己的意见。

如果再分得细些,从这两种里把"记"和"叙"、"说"和"论"分开,就成四种:

一、记述文——记事物的形状、光景。

二、叙述文——叙事物的变化经过。

三、说明文——说明事物和事理。

四、议论文——评论事物，发表主张。

这种分类都不过是大概的说法，指明文章有这几种性质而已。实际上一篇普通的文章往往含有两种以上的性质，或者在记述之外兼有叙述、说明的分子，或者在叙述之外兼有记述、议论的分子，全篇纯是一种性质的文章不能说没有，可是很少见。例如我们听了演说，提起笔来写道，"演说台上摆着一张小桌子，桌子上摊着雪白的布，左边陈设个花瓶，满插着草花，右边是水壶和杯子。讲演者×××先生年纪在五十左右，中等身材，眉毛浓浓的，看去似乎是一个饱经世故的人。"这是写事物的形状和光景的，属于记述文。接着说，"他先在黑板上写了'中国青年的责任'几个字，就开口演说，从世界大势讲到中国目前的危机，又讲到别国困难时的青年界以及中国青年界的现状，末了归结到青年与国家的关系。……"这是叙事物的变动的，属于叙述文。再接下去，如果说"这场演说很警策，论到我国青年界的现状这一段尤其痛切，我听了非常感动。……"这是议论文。如果再说一点所以感动的理由，那就是说明文了。

每篇文章的性质虽然难得全体一致，但各部分究竟逃不出上面所讲的四种或两种的范围。哪一种成分较多，就属于哪一种。我们平常所谓记述文或叙述文，就是记叙成分较多的文章，所谓说明文或议论文，就是论说成分较多的文章。

关于记叙文

一、记述和叙述

作者自己不表示意见的文章叫做记叙文。再细加分析，可得记述文与叙述文两种。

我们对于外界事物有两种看法，一是从它的光景着眼，一是从它的变化着眼。对于某种事物，说述它的形状怎样，光景怎样，是记述；说述它的变迁怎样，经过情形怎样，是叙述。前者是空间的，静的；后者是时间的，动的。用比喻来说，记述文是寻常的照片，叙述文是活动的电影。寻常照片所表示的是事物一时的光景，电影所表示的是事物在许多时候中的经过情形。

我们写一个人，如果写他的面貌怎样，穿的是什么衣服，正在做什么事，周围有着什么东西，诸如此类，都关于那个人的一时的光景，是记述；如果写他幼年怎样，求学时代怎样，学校毕业以后先做什么事，后来改做什么事，诸如此类，都关于那个人的一生或某期间的变化，是叙述。我们写一处地方，如果写当时可见到的风景,是记述,如果把那地方历来的状况详细说述,古时叫什么名称,曾经出过多少名人,在某次变乱中遭到怎样的破坏,经过怎样的改革,才成现在的样子,这就是叙述了。

前面曾以普通照片比记述,以活动电影比叙述。我们倘若不把那长长的活动电影片放到放映机上去,看起来就是许多张普通的照片。从此说来,叙述其实是许多记述的连续。我们出去游玩,经过某山某水,一一写记,就成一篇游记。这游记从全篇说,是写出游的经过情形的,是叙述;若把其中写某山或某水的一段抽出来说,是写某山或某水的一时的光景的,就是记述了。

记述和叙述的分别原是很明白的,这两种成分常常混合在一篇文章里,纯粹记述或纯粹叙述的文章,实际上并不多见。我们把记述分子较多的叫做记述文,叙述分子较多的叫做叙述文。有些人为简便计,不分记述、叙述,就概括地叫做记叙文。

二、记述的顺序

记述文是写事物的光景的,事物在空间的一切形状,就是记述文的材料。事物的材料原都摆在我们面前,并不隐藏,可是我们要收得事物的材料,却非注意观察不可。自然界的事物森罗万象，互相混和着，我们要写某事物，先得把某事物从森罗万象中提出来看；又，一件事物，内容性质无限，方面也很多，我们要写这件事物，须把它的纠纷错杂的状况归纳起来，分作几部分来表出。这些都是观察的工夫。

记述文可以说是作者对于某事物观察的结果。观察的顺序就是记述的顺序。

事物在空间，有许多是并无统属的位次，我们随便从哪一方看起从哪一方说起都可以的。例如我们记春日的风景，说"桃红柳绿"，记山水的特色，说"山高月小"，前者先说桃后说柳，后者先说山后说月；如果倒过来说"柳绿桃红""月小山高"，也没有什么不妥当。这因为桃和柳，山和月，在空间是平列的，其间并无统属的关系。

有许多事物是有统属关系的，我们观察的时候要从全体看起，顺次再看各部分，否则就看不明白，说不清楚。例如我们要写述一间房子，必须先写房子的名称、方位、形状等等，然后顺次写客室的陈设、卧室的布置、或厨房中的状况；要写述一株植物，必须先提出那植物的名称和全体的大概，高多少，看去像什么，然后再写干、枝、叶、花、果等等。如果写房子的时候，先写客室的陈设，写植物的时候，先写叶子的形状，或者东说一句，西说一句，毫无秩序，别人就不会明白了。

记述文里所写的是事物的光景，要想把事物的光景明白传出，有两个最重要的条件。一个是着眼在位次，把事物所包含的千头万绪的事项，依照了自然的顺序，分别述说。写植物的时候，把关于干、枝、叶、花、果的许多事项，各集在一处说，说花的地方不说干，说果的地方不说叶。一个是着眼在特点，把事物的重要的某部分详细述说，此外没甚特色的部分就只简略地带过。写房子的时候，如果那房子是学者的住宅，就应该注重书斋的记述，其馀如客室、厨房之类不妨从略，因为这些处所并不是特色所在的缘故。在保持事物的自然顺序的范围以内，尽量删除那些无关特色的分子，事物的特色才能格外显出。

顺序不乱特色明显的，才是好的记述文。

三、叙述的顺序

叙述文所写的是事物的变化。同样写事物，记述文所写的是事物的光景、状态，叙述文所写的是事物的变迁、经过。如果用水来比喻，记述文是止水，叙述文是流水。

变化、变迁、经过都是关于时间的事，所以时间是叙述文的重要原素。我们叙一个人，说他幼年怎样，长大以后怎样，什么时候死去；叙一件事，说那事怎样开始，后来怎样，结局怎样，都离不开时间，离开了时间就无法叙述。

叙述文是事物在某时间中的经过的记录，时间的顺序，可以说就是叙述的顺序。我们写一天所做的事，必得从早晨写起，顺次写到午前、午后，再写到临睡为止；写旅行的情形，必得从起程写起，什么时候起程，先到什么地方，见到什么，次到什么地方，遇到什么事情，最后从什么地方回来。如果不依时间的顺序，只是颠颠倒倒地写，那就很不自然了。

普通的叙述文，依照时间的顺序来写，大致不会发生错误。时间这东西是无始无终，连续不断的，如果严密地说起来，任何一件细小的事情都和永远的过去、永远的将来有关。所以我们叙述一件事情，须用剪裁的功夫，从无限的时间中，切取与那件事情最有关系的一段，从那件事情开始的时候写起，写到那件事情完毕的时候为止。那前前后后的无大关系的时间，都可以不必放在眼里。

对于切取来的一段时间的各部分，也不必平等看待。我们叙述事物变化、经过，目的在于把特点传出。写一天所做的事，不必刻板地从刷牙齿、吃早饭写起，直到就眠为止，只要把他那天特有的事件叙述明白就够了。写一个人的生活，不必刻板地从他出生、上学写起，直到后来生病、死去为止，只要把那人一生最有特色的几点叙述明白就够了。无关特色的材料越少，特色越能显露出来。这情形和记述文一样，不过记述文是空间的，叙述文是时间的罢了。

四、记叙的题材

记叙和叙述都是以事物为题材的，一个人每天看到的就很多，听到或想到的更是不计其数，这许多事物是否都是记叙的题材？换句话说，选取题材该凭什么做标准？

文章本和言语一样，写文章给人看，等于对别人谈话。我们对别人谈话，如果老是说一些对手早已知道的东西或事情，那就毫无意义，听的人一定会厌倦起来。对久住在南京的人说中山陵的工程怎样，气象怎样，对同级的学友说学校里上课的情形怎样，都是没有意义的事。

平凡的人人皆知的事物，不能做记叙的题材，实际上，作者也决不会毫无意义地把任何平凡的事物来写成文章的。作者有兴致写某种事物，必然因为那事物值得写给大家看，能使读者感到新奇的意味的缘故。

事物的新奇的意味，可分两方面来说。一是事物本身的不平凡，如远地的景物、风俗，奇巧的制作，国家的大事故，英雄、名人的事迹，复杂的故事等等，这些当然值得写。一是事物本身是平凡的，但是作者对于这平凡的事物却发现了一种新的意味，这也值得写。从来记叙文的题材不外这两种。其实，除应用文以外，一切文章的题材也就是这两种。

本身不平凡的事物，实际不常有，普通人在一生中未必常能碰到。我们日常所经验的无非平凡的事物而已。可是平凡的事物含有无限的方面或内容，如果能好好观察，细细体会，随时可以发掘到新的意味，这新的意味就是文章的题材。从来会写文章的人，可以说，大概是能从平凡的事物里发见新的意味的人。陈旧的男女"恋爱"，人人皆知的"花"和"月"，不知被多少文人利用过，写成了多少的好文章。

新的意味是记叙文的题材的生命。事物的新的意味，要观察、体会才能发见。所以观察、体会的修炼，是作记叙文的基本功夫。

五、材料的判别与取舍

记叙文的题材是作者认为有新的意味的事物。关于那事物的一切事项，当然都是文章的材料了。一件事物的事项，可以多至无限。所以，材料不愁没有，问题只在怎样判别，怎样取舍。

作者对于某事物自以为发见了某种新的意味了，要写成文章告诉大家，这所谓新的意味，大概可归纳为三种性质：一是某种新的知识，二是某种新的情味，三是某种新的教训。一篇文章之中有时可兼有两种以上的性质。总而言之，记叙文所给与读者的，无非是知识、情味、教训三种东西。如果把记述文和叙述文分开来说，那么记述文所给与读者的普通只有知识、情味两种，不能给与教训。叙述文却三种都有。

材料的判别和取舍，完全要看文章本身的意味如何。文章本身的意味就是决定材料的标准。同是写"月"，天文学书里所取的材料和诗歌里所取的材料不同。天文学书里的"月"是知识的，它怎样生成，经过什么变化，直径若干，形状怎样，光度怎样，怎样绕着地球运转，运转的速度若干等等是适当的材料。诗歌里的"月"是情味的，或者说它"如弓""如蛾眉"，或者把它当做人，"把酒问月"，说它在那里"窥人"，或者把它的"圆缺"来作离合悲欢的譬喻，所取的完全是和天文学书里不同的材料。同是写岳飞，《宋史》和《精忠传》以及《少年丛书》，材料的性质及轻重也各各不同。《宋史》里写岳飞以历史的知识为主，教训、情味次之；《精忠传》里写岳飞以情味为主，教训、知识次之；《少年丛书》里写岳飞以教训为主，知识、情味次之。意味不同，材料的判别取舍也就不一样。知识上重要的材料，在教训或情味上也许并不重要，或竟是无用的东西；教训或情味上重要的材料，在知识上也许是不正确的或非科学的东西。

依了文章的意味，从题材所包含的事项里选取一群适宜的材料，这是第一步。第二步就得把意味再来分析，同是知识，方面有许多种，同是情味或教训，性质也并不单纯。要辨别得清清楚楚，然后从选好的一群材料里，精选出适切的材料来运用。材料本身有大有小，但写入文章里去，大的并非就是重要的，小的并非就是不重要的。仅只荆棘中的"铜驼"可以表出国家的灭亡，仅只镜中的"白发"可以表出衰老的光景。任何微小的事项，只要运用得适合，就会成为很重要的材料。

六、叙述的快慢

叙述文所写的是事物的变化和经过。一件事物先怎样，后来怎样，结果怎样，这里面有着一种流动。事物的变化和经过，是事物本身在时间上的流动，把这流动写记出来，就是叙述文。所以流动是叙述文的特性。

事物本身的流动有快有慢，原来不是等速度进行的。写入文章里面，因为要使事件的特色显出，就得把不必要的材料删去，在流动上更分出人为的快慢来。文章里叙述一件事物，往往各部分详略不同，只把力量用在最重要的一段经过上，其余的各段，有的只是一笔表过，但求保存着原因和结果的关系就算，有的竟全然略掉。假如用三千字来写一个人的传记，尽可以费去二千字以上的篇幅写他一生中的某一天，其余长长的几十年，只用几百字来点缀。用五千字来写一篇旅行记，假定所经过的地方有五处，也不必每处平均花一千字。对于重要的地方应该不惜篇幅，详细叙述，不重要的地方，不妨竭力减省字数。同样叙述事物的一段经过，详细地写，流动就慢了，简略地写，流动就快了。

快的叙述，便于报告事件进行的梗概；慢的叙述，便于表现事件进行时的状况。例如写一个人的病死，说"某人因用功过度，久患肺病，医药无效，于×日午后死在××病院里"。这是快的叙述。如果把其中的一段——假定是临死的一段来详写，病人苦痛的光景，家人绝望的神情，医生和看护妇的忙碌，以及那时候特有的病室里的空气，诸如此类，一一写述无遗，这就是慢的叙述。我们从前者只得到事件的梗概，知道某人死的原因、时间和地点；从后者可以知道死时的实际状况。前者是抽象的，概念的；后者是具体的，特性的。

　　快的叙述和慢的叙述各有用处，不能说哪一种好，哪一种不好。一篇叙述文里头，什么地方该快，什么地方该慢，这要看文章本身的意味如何而定。总而言之，占中心的重要的部分该慢，不重要的部分该快。快慢就是详略，把不重要的部分略写，重要的部分详写，都是为了想显出特色的缘故。

七、叙述的倒错

　　叙述文所写的是事物在某时间中的经过和变化。时间有自然的先后顺序，例如一九三四年之后是一九三五年，过了五月，才到六月，无法叫它错乱。事物的经过和变化也依着时间的顺序。所以依照了时间的先后叙述事物，是最自然最普通的方式。

　　可是，我们在谈话或写作里叙述一件事的时候，时间倒错的事情是常有的。例如说："同学××君死了，三天前我到医院里去看他，他还能躺在床上看书呢。他一向很用功，不喜欢运动。去年冬天，因为感冒引起了长期的咳嗽，今年春天就吐起血来。据说，他在十二岁那一年曾有过吐血的毛病的，这次是复发。在家里养了几个月仍旧不见复原，不得已进医院去，结果还是无效。"这一段叙述里面，就有好几处先后倒错的地方，但是我们看了也并不觉得不合理，可见叙述文里把时间倒错是可能的。从来文言体当叙述倒错的时候，常用"初""先是"等辞来表示，在近代小说里，倒错的例子更多。

叙述可以倒错，但倒错的说法究竟是变格，遇必要时才可以用，胡乱的倒错，那是徒乱秩序，毫无效果的。我们叙述一件事，为要使事件的特色显出，必须淘汰无关紧要的闲话。倒错的叙述，无非是淘汰闲文，显出特色的一种方法。一件事情的经过和变化本来有时间的顺序，但是时间这东西是一直连续下来的，而事件的原因也许起在很早的时候，我们写作和谈话时只把其中最重要的一段来叙述，在这一段以前的事项，如果有必要，也非追叙不可。这就用得着倒错的说法了。还有，事件的进行往往有着好几个方面的。儿子在学校寄宿舍里的灯下写家信的时候,母亲正在家里替儿子缝寒衣。要把这情形叙述清楚,就得两面分写。如果说"母亲接到儿子的信的时候,早已把寒衣缝好寄出了。她一个月前自己上城去买了材料来,足足花了三个半夜的工夫才缝成,尺寸还是儿子暑假回来的时候依了校服量定的"。这也是倒错的说法。复杂的事件,关涉的方面很多,往往须分头叙述;因为要减少闲文,不妨把一方面作主,其余的方面作宾,运用着适当的倒错法。

八、抒情的方式

抒情大概有两种方式:一种是明显的;又一种是含蓄的。作者在记叙事物之后,情不自禁,附带写一些"快活极了""好不悲伤啊"一类的话,教人一望而知作者在那里发抒他的感情,这是明显的方式。作者在记叙了事物之后,不再多说别的话,但读者只要能够吟味作者的记叙,也就会领悟作者所要发抒的感情,这是含蓄的方式。

我们试取归有光的文章做为例子。归有光作《先妣事略》,琐琐屑屑叙述了一些关于他的母亲的事情,末了说:"世乃有无母之人,天乎?痛哉!"这明明是感情极端激动时所说的话。不然,若就母亲生子的关系说，世界上哪一个人没有母亲？若就母亲死了以后的时期说，哪一个人死了母亲还会有母亲？"世乃有无母之人"岂不是一句毫无意义的话？唯其在感情极端激动的时候，才会有这种痴绝的想头；就把这痴绝的想头写出来，更号呼着天诉说自己的哀痛，才见得怀念母亲的感情尤其切挚。这是明显的抒情方式的例子。再看《项脊轩志》，归有光在跋尾里叙述了他的夫人和项脊轩的关系，末了说"庭有枇杷树，吾妻死之年所手植也，今已亭亭如盖矣"。骤然看去，这一句只是记叙庭中的那棵枇杷树罢了，但是仔细吟味起来，这里头有人亡物在的感慨，有死者渺远的怅惘，意味很是深长。如果那棵枇杷树不是他夫人死的那一年所种下的，虽然"今已亭亭如盖"，也只是无用的材料，就不会被写入文章里了。这是含蓄的抒情方式的例子。

以上所说两种方式并没有优劣的分别；采用哪一种，全凭作者的自由。不过，如果采用明显的方式而只写一两句感情激动的话，如作《先妣事略》只说"世乃有无母之人，天乎？痛哉"，而前面并没有琐屑的叙述，那是没有用的，因为人家不能明白你为什么要说这种痴绝的话。如果采用含蓄的方式，而所取的材料与发抒的感情没有关系，如作《项脊轩志》的跋尾而说起庭中的几丛小草，那也是没有效果的，因为人家从这几丛小草上吟味不出什么来。所以，选取适宜的事物，好好地着笔记叙，无论采用哪一种方式都是必要的。

从情味说，两种方式却有点儿不同。明显方式比较强烈，好像一阵急风猛雨，逼得读者没有法子不立刻感受。含蓄的方式比较柔和，好像风中的柳丝或者月光下的池塘，读者要慢慢地凝想，才能辨出它的情味来。

还有一层，作者在一篇抒情文里头兼用着两种方式也是常见的事。

九、记叙与描写

记叙文是作者就了现成的事物报告给读者知道，除了报告以外，不用再说什么。这在前面屡次说到了。但同样是报告，却有详略的不同，生动和呆板的差异。告诉人家说"我遇见了张三，他穿着一身新衣服"，这不能说不是报告，然而简略、呆板极了。在这样告诉人家已经足够了的时候，当然不必多费唇舌，再加说什么。可是有些时候，这样告诉人家还嫌不够；遇见张三的时候，彼此的神态怎样，张三穿着新衣服，他的仪表怎样，他的一身新衣服，色彩、制作等等又怎样，必须把这些都告诉人家，才觉得惬意。把这些告诉人家，比较上自然详密得多；而且很生动，可使对手的听者或是读者想见种种的光景，好像当时就站在旁边一样。

详密的、生动的报告固然也是记叙，只因要与简略的、呆板的报告有一点分别起见，所以特称为描写。描写只是记叙的精深一步的工夫。描写的对象也是事物，离开了事物就无所谓描写，这是不待细说的。

我们不妨把图画做为比喻。通常的记叙文好像用器画。看了用器画，可以知道事物的轮廓和解剖，但并不能引起对于那事物的实感。描写文章好像自在画。自在画也注意到事物的轮廓和解剖，但不仅如此，还得加上烘托或者设色等的手法；而且，用笔的疏密也经过作者的斟酌，在有些部分只用简单的几笔，而在另外的一些部分又不惮繁复地渲染。看了自在画，不单知道轮廓和解剖而已，还能见到那事物的意趣和神采，这就因为引起了实感的缘故。

描写一语本来是从绘画上来的。写作的人把文字作为彩色，使用着绘画的手法，记叙他所选定的事物，使它逼真，使它传神。这就是写作上的描写。

描写的最粗浅的方式是使用形容词语和副词语。如"小汗粒"而加上"微细到分辨不清的油一般的"的形容词短语，就把小汗粒的形和性描写出来了；说"赤露的胳膊向下垂着"而加上"软软地"的副词,就把身体困倦的情状描写出来了。此外方式很多,且待以后再说。

现在要说的是即使是最粗浅的方式也靠作者的经验。作者如果不曾观察过小汗粒,不曾体会过汗和油的相似,不曾感觉过有骨有肉的胳膊有时竟会"软软地",又哪里来这形容词短语和副词呢?没有经验写不来文章;仅有微少的经验只能作简略、呆板的记叙;必须有广博的经验才能作详密、生动的描写。

游 记

　　游记有两种：一种只记某一名迹或某一园林、寺观，题材比较简单；一种记某一地方、山岳或都市，题材比较阔大。普通所谓游记指前者，旅行记则指后者。

　　游记之中，含有两种成分，就是作者自己的行动和所游境地的光景。游记和日记不同，是预想有读者的文章。读者所想知道的是所游境地的光景，不是作者自己的行动。所以，关于作者自己的行动须写得简略，而关于所游境地的光景须写得详细。如"星期日没有事""几点钟出发""经过什么地方，碰到朋友某君，邀他同去""这日天气很好"之类的话，如果和正文没甚关系，都该省去。

　　可是从别一方面说，写作者自己的行动是动的，是叙述；写所游境地的光景是静的，是记述。游记在性质上属于叙述文，目的在藉文字"引人入胜"，生命全在流动的一点上。死板地去写记所游境地的光景，结果会使流动随时停止，减少趣味。最好的方法是将作者的行动和所游境地的光景合在一处写；这就是说，写作者行动的时候要和境地的光景有关联，写境地的光景的时候也要和作者的行动有关联。从前读过的文章中，属于游记一类的有朱自清的《卢参》，冰心的《寄小读者通讯七》，有几处也近于游记。现在从这两篇文章各举一处作例。

卢参在瑞士中部，卢参湖的西北角上。出了车站，一眼就看见那汪汪的湖水和屏风般立着的青山，真有一股爽气扑到人的脸上。

……出了吴淞口，一天的航程，一望无际尽是粼粼的微波，凉风习习，舟如在冰上行。到过了高丽界，海水竟似湖光，蓝极绿极，凝成一片。斜阳的金光，长蛇般自天边直接到栏边人立处。上自穹苍，下至船前的水，自浅红至于深翠，幻成十色，一层层，一片片的漾了开来。

这里面写所游境地的光景，都是从作者眼中看到或是心上感得的，这就把作者的行动和境地的光景打成一片了。所以读去很觉生动，并不嫌静止呆板。

游记是记述和叙述两种成分揉合的文章，一切记述和叙述的法则,如写述的顺序、要点的把捉等等,都可应用。说明及议论,如非必要,可以不必加入。(《卢参》中关于冰河有许多说明,这恐怕一般读者不知道冰河的情形,所以特加解释,对于读者可以说是必要的。)最要紧的是作者的行动和境地的光景的融合以及流动的持续。

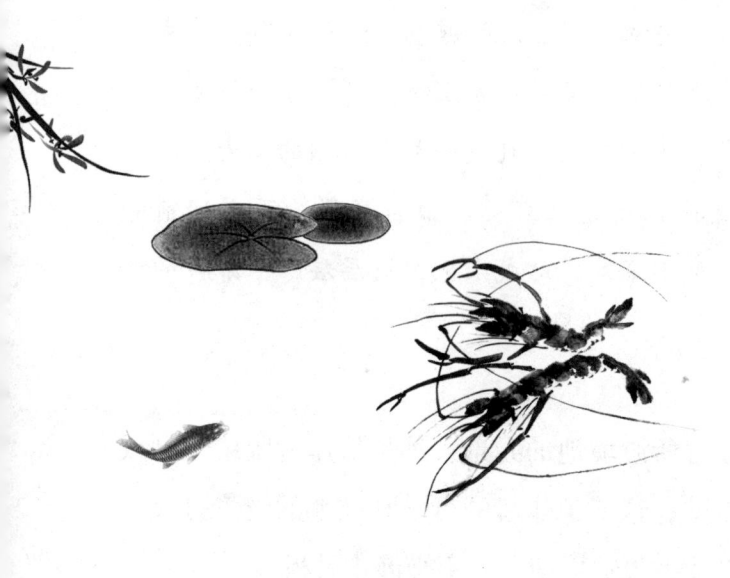

随　笔

　　写述随时随地的片段的生活的，叫做随笔，或者叫做小品。

　　随笔的题材，什么都可以做。读书的心得，新奇的见闻，对于事物的感想或意见，生活上所感到的情味等等，无论怎样零碎琐屑，都是随笔的题材。随笔的用途极其广阔，可以叙事，可以抒情，可以状物写景，可以发表议论。至于体式更不拘一格，长短也随意。真是一种极便利自由的文章。

　　随笔和别的文章的不同：第一，形式上在不必拘泥全篇的结构。一般的文章大概是有结构的，如传记须把人物的各方面按照时间先后大体叙述，游记须把游览的程序和游览的地方顺次写记，随笔却可以只写小小的一片段，不一定要涉及全体。第二，题材上在发端于实际生活。随笔中尽可发抒各种关于政治社会的大意见、关于宇宙人生的大道理，但往往并不预定了题目凭空立说，而只从自己实生活上出发。例如我们因了自己的生活,也许写一则随笔说到运动的好处,但并不是《运动有益论》,或者说到光阴逝去的迅速,但并不是《惜阴说》。

随笔自古就有人写作,古代传下来的随笔很不少,有的记读书心得,有的记随时的见闻。近来尤其流行。自科举制度废了以后,文章已不以应试为目标,除了有系统的学术文、有韵律的诗歌、有结构的小说或剧本、有定式的应用文以外,一般人所写的差不多都是随笔一类的东西。

绘画里有一种叫做速写,把当前的景物用简略的笔法很快速地描写个大概或其一部分。画家常以这种练习为创作大幅的准备。随笔是文章上的速写;独立地看来,固然自成一体,但同时又可做写作长篇的基本练习。一般人要练习写作,每苦没有可写的材料;随笔是从日常生活出发的东西,只要能在生活方面留心去体察、玩味,就决不至于愁没有材料。所以写随笔和写日记一样,是练习写作的好方法。

一切文章都需要有新鲜味,尤其是随笔。随笔所关涉的是日常生活,日常生活大概是板定的,平凡的,如果写的人自己不感到兴趣,写了出来,也决不会使读者感到兴趣。好的随笔所着眼的常是一向被自己或一般人所忽略的方面。平凡的生活中不知蕴藏着多少新鲜的东西,等待我们自己去发掘。学写随笔的第一步功夫,就是体察、玩味自己的生活,在自己的生活上作种种的发掘。

背　景

　　在抒情的、描写人物或事件的文章里，往往把周围的境界，如室内情形、市街情形、郊野情形、自然现象、时令特色等等，或简或繁地描写进去。这些项目统称为背景。这名称是从戏剧方面来的。舞台的后方张着画幅，或是山水，或是门窗，总之和剧情相称；演员在画幅前面演戏，就像背着山水或门窗一样。这就是背景。文章里描写周围的境界，犹如舞台上布置一幅相称的背景；靠着这背景，文章里的主人公（好比演员）的一言一动一颦一笑更见得生动有致。舞台上不能用和剧情不相称的背景，文章里不需要和主人公无关的境界的描写，那都是当然的。

　　那么，怎样才相称才有关呢？回答很简单：凡是具有衬托的作用的就相称就有关，否则就不相称就无关。画家有"烘云托月"的说法。月亮很不容易画，用线条画一个圆圈或是一个半圆，未必能显出月亮的神采来；所以给烘上一些云，在云中间留出一个圆形或是半圆形，比较单用线条勾成的月亮有意味得多了。这一些云对于月亮就具有衬托的作用。

描写背景的例子可以举元人马致远的一首《秋思》（《天净沙》）小令：

"枯藤老树昏鸦，小桥流水人家，古道西风瘦马，夕阳西下，断肠人在天涯。"

这里头句句都是背景，只末了一句才说到那个主人公"断肠人"。主人公怎样呢？他并没有什么施为，作者只用"在天涯"三个字来说述他的情况。可是这许多背景的衬托的作用丰富极了。你想，枯藤老树，昏鸦飞鸣，小桥流水，人家三两，一条荒凉的古道，几阵寒冷的西风，瘦马前行，差不多全没气力，而太阳也疲倦了似的快要落下去了。一个出门人心绪本来就不很好，又在这样的境界之中，其愁烦达到何等程度，自可不言而喻。这和不画月亮而画云，却把月亮衬托了出来，情形恰正相同；可以说是专用背景来衬托的一个极端的例子。

上面的例子是背景和被衬托的事物相一致的。在有些文章里，背景和被衬托的事物恰正相反，如满腔烦闷的人独处在欢声笑语里头，饥寒交迫的人倒卧在高楼华厦旁边，这叫做反衬。反衬显示出一种对比，用得适当，效果也是很大的。

议论文

议论文是把作者所主张的某种判断加以论证，使敌论者信服的文章。议论之所以成立，由于判断的彼此有冲突。如果对于某一判断彼此之间都认为真理，那就并无异议可生，根本无所用其议论了。例如，"人是要死的"这判断在一般人是不会引起议论的，可是在认为灵魂可以永生的宗教家，都要作为大题目来发种种的议论。又如"饮酒有害于健康"，这判断已成为常识上的真理，用不着再有人出来从新主张，可是对于明知故犯的嗜酒者和漠视酒害的世间大众，却有再提出来议论的必要。总而言之，议论的发生由于对于某一判断的意见有不一致的地方。这所谓不一致，并不必全部相反，在程度上范围上部分地不相融合也可以。例如对于"人皆有死"的判断，可以发生"伟人身体虽死精神不死"的议论；对于"饮酒有害"的判断，可以引起"饮酒不过量反而有益"的议论。此外，因了个人立场的不同，对于一个判断，主张上也自然会发生种种的不一致，这样，议论的来路是很多的。

议论文是作者对于敌论者主张某种判断的东西，所以议论文大概有敌论者，至少应有敌论者在作者的预想之中。这所谓敌论者，有时可以说得出是张三或李四，有时不妨漠然不知道是谁。总之是有敌论者就是了。凡是文章都以读者为对象，都有读者的预想。议论文的读者和别种文章的读者性质颇有不同，议论文的读者一种是敌论者，一种是审判者。我们写作议论文，情形正和上法庭去诉讼，向对方和法官讲话一样。

我们对于事物不妨怀抱和别人不相一致的见解，提出自己的判断来加以主张。但主张必有理由，为使大家信服起见，当然要把主张的理由透彻地反复论证。议论文的主旨就在论证作者的主张。大家都认"武王是圣人"，你如果要主张说"武王非圣人"，不能凭空武断，该提出充分的理由来论证这个和人不同的判断。

议论文是作者把自己所主张的判断来加以论证的东西，可分为两种：一种是作者自己提出一个判断来说述的，一种是对于别人的判断施行驳斥的，前者叫做立论，后者叫做驳论。

前面曾经说过，凡是议论，都有敌论者，至少应该有敌论者在作者预想之中的。立论和驳论都有敌论者，立论的敌论者范围很广泛，并没有特定的对象，驳论的敌论者是有特定的对象的。作者为了对于某人的某一判断觉得不以为然，这才反驳他。所以就大体说，立论是对于一般世间判断的抗议，驳论是对于某一人（或某一团体）的判断的抗议。

驳论是以一定的敌论者为对象的，我们对于敌论者所主张的判断，尽可认定论点，据理力争，却不该感情用事，对敌论者作讥笑谩骂的态度。如前所说，我们发议论的动机，也许出于感情的驱迫，但议论本身彻头彻尾是立脚在理智上的，丝毫不能凭藉个人的感情。尤其是写作驳论的时候该顾到这一层。假定你的敌论者是张三，你在过去为了某种事件曾对他有不快，你对于他的主张写作驳论，只准就他的主张讲话，不该牵涉和本问题无关的旧怨。驳论的读者一种是敌论者，一种是旁观的审判者。就前者说，写驳论等于写书信，书信上的礼仪照样应该适用。就后者说，我们写驳论，希望得到大众的赞同，更应该平心静气地说话，轻薄的讥嘲，毒辣的谩骂，反促使大众发生反感减少同情的。

驳论的写作，可以不止一次，为了某人的某一个判断，我不以为然，写了文章来驳诘，这是驳论。某人见了我的驳论，觉得不服，再来驳复，这也是驳论。这样，为了某一个问题，往往有彼此辩驳至好久的。

写驳论的目的，在乎使敌论者折服，放弃他原来的主张转而信从我的主张，至少要获得旁观者的赞许，使敌论者不敢再固执原来的主张。这并不是容易的事，我们在写驳论之前，应就对方的立论好好研究，发见他的弱点和错误所在，加以攻击，一方面须搜集材料和证据，用种种方法来巩固自己的议论的阵线，那情形差不多等于下棋和作战，没有简单的方法可指示的。

议论文是对于判断的证明。判断用言语表示出来，论理学上叫做命题。命题是有决定意义的一句话，如"甲是乙""甲非乙"等，就是命题的公式。命题依了性质，共分四种，如下：

凡甲是乙（全称肯定）　例——凡人是动物
某甲是乙（特称肯定）　例——某人是学生
凡甲非乙（全称否定）　例——凡人非木石
某甲非乙（特称否定）　例——某人非学生

我们以前读过的议论文，如果把其中的主要论点摘举出来，结果只是一个命题。如《非攻》是说"攻战是恶事"，《缺陷论》是说"缺陷是有益的"。所谓议论文，都不过是一个判断——命题的证明。

命题是一个抽象的意念，命题的成立，实有种种具体的事件做着根据。例如"攻战是恶事"的命题，是用从来许多的战祸为依据的，如果你能从各方面把战祸写给人家看，或说给人家听，就是自己不作"攻战是恶事"的主张，也能得到同样的效果。我们读过的《愚公移山》的故事，效果并不觉比什么《努力论》或《大智若愚论》少。历史的记载以及小说戏剧的能使人深省，理由就在这点上。

由此说来，我们要表示主张，可有两种方法：一个是从事件上抽出一个命题来，再加以种种的证明；一个是只把事件写出，故意不下判断，让读者自己去发现作者想提出的命题。前者就是一般的所谓议论文，后者可以说是议论文的变装。

变装的议论文以叙述事件为主要手段，作者有时虽也流露着主张，可是并不像一般议论文的用力，或竟有一些都不把主张宣布。至于所叙述的事件，可以是真正的事实，也可以由作者来凭空虚构，实际上反是虚构的居多。因为真正的事实，牵涉的方面极多，内容往往复杂，非十分凑巧，不能暗示作者的主张，倒不如让作者依据自己的主张虚构事实来得便当随意。因此之故，变装的议论文除历史外常采取小说、寓言等形式而出现。

　　变装的议论文是一种议论的改扮，不像一般议论文的明显，比较不会引起敌论者的反对。所以越是讲话不能自由的时代，变装的议论文也越多。

再谈文言的讲解

一个字往往有几个意义。在从前，几个意义都有人用。到后来，某一个或某几个意义很少人用了，咱们姑且叫它做"僻义"。如果凭着常义去理解僻义，那必然发生误会。例如《诗·豳（bīn）风·七月》中有"八月剥枣"的话，咱们现在常说剥花生，剥瓜子，好似正与"剥枣"同例。但是这个"剥"字并不同于剥花生剥瓜子的"剥"，这个"剥"字是"攴（pū）"的假借字，"攴枣"是把枣树上结着的枣子打下来。又如《诗·小雅·渐渐之石》中有"月离于毕"的话，咱们现在说起来，"离"是离开，"月离于毕"是月亮离开了毕宿（星宿）。但是这个"离"字并不是离开，它的意义正与离开相反，是靠近。"月离于毕"是月亮行近了毕宿。屈原的《离骚》，《史记·屈原传》中解释道，"离骚者，犹离忧也"。这两个"离"字都不是离开，是遭遇，遭遇与靠近是可以相贯的。

文言中常不免有些僻义的字。倒不一定由于作者故意炫奇，要读者迷糊，大都还是他们熟习了那些僻义，思想中想到了那些字，就用出来了。咱们遇到那些字，若照常义去理解，结果是不理解。欲求理解，就得自己发现那些僻义，多找些例句来归纳，或者查字典，再不然就去请教人家。如果自己研究既怕麻烦，请教人家又嫌罗嗦，不理解的亏还是自己吃的。

文言中有些词语与现在说法不同。如"犊"字，咱们说"小牛"，"与某某书"的"书"字，咱们说"信"或"书信"。这只要随时随字留意，明白某字现在该怎么说，从而熟习那些字，直到不用想现在该怎么说，看下去自然了悟。又如从前人文中常用"髫龀（tiáo chèn）"，寻求字义，"髫"是小儿垂髫，"龀"是小儿毁齿。可是咱们遇见"髫龀之年"四个字，如果死讲作"垂头髫毁牙齿的年纪"，这就别扭了。咱们思想中从来没有这么个想法，口头上也从来没有这么个说法。咱们应该知道这四个字只是说幼年时候，大约七八岁光景。从前人说"髫龀之年"，正同咱们说"七八岁光景"一样。"髫"字"龀"字什么意义固然要问个明白，可是对于"髫龀之年"还得作整个的理解，不必垂头髫啊毁牙齿啊什么的。

又如"倚闾之情"，如果死讲作"倚靠着里门的心情",简直不成话。"愿共赏析"讲作"愿意跟您一同欣赏分析","颇费推敲"讲作"着实要花一番考虑",话是成一句话,可是不够透彻。原来"倚闾""赏析""推敲"都是有来历的。"倚闾"出于王孙贾的母亲口里,她说儿子不回家,她就"倚闾而望"(《战国策·齐六》)。"赏析"是简约陶渊明的两句诗组成的,那两句诗是"奇文共欣赏,疑义相与析"(《移居》)。"推敲"是韩愈和贾岛的故事,他们两个共同考虑一句诗中的一个字,用"推"好还是"敲"好。下笔的人知道这些来历,他们写"倚闾之情",先记起王孙贾的母亲的话,就用这四个字来表达望儿心切的意思。他们写"愿共赏析",先记起陶渊明那两句诗,所以"赏析"两个字中特别含着欣赏文章解析文章的意思。他们写"颇费推敲",先记起韩愈和贾岛的故事,所以用"推敲"两个字虽不一定说作诗,可特别含着认真考虑、反复考虑的意思。咱们遇见这些语句,当然也得知道"倚闾""赏析""推敲"的来历,才可以不发生误会,理解得透彻。这样的语句,文言中非常多。"不求甚解",固然也可以对付过去。可是,如果要不发生误会,理解得透彻,就必须探求来历。最简捷的办法是勤查辞书。

文言中的单音词，咱们现在多数说成复音词。咱们看起来，单音词含混，复音词明确。在理解文言的当儿，得弄清楚文中的这个单音词等于现在的哪个复音词，待习惯成自然，就能够凭单音词理解，不至于含混。譬如一个"神"字，"祭神如神在"的"神"，咱们现在说"神道"；"神品"的"神"，咱们现在说"神妙"；"神与古会"的"神"，咱们现在说"精神"；"了不惊愕，其神自若"的"神"，咱们现在说"神态"。初学的时候必须逐个逐个对译，以求理解的明确，而同时，目的在养成习惯，达到单看上下文就知道是哪个"神"字的境界。

文言语句中各部分的次序，有的和现在的口语一致，有的不一致。所谓一致，就是文言怎么排列，现在的口语也怎么排列。譬如"喜食草实"是文言句，咱们现在说起来就是"喜欢吃草的子儿"，排列的次序彼此相同，不过把"喜"说成"喜欢"，"食"说成"吃"，"草实"说成"草的子儿"罢了。在这一类古今次序相同的语句里，有一点可以注意的，就是文言常有略去的部分，须由读者意会，按现在的说法说起来，那略去的部分往往必须说出。譬如《礼记·檀弓》"苛政猛于虎"那一节中，那妇人说明了公公、丈夫、儿子都被虎害了,孔子就问她:"何为不去也?"妇人回答说:"无苛政。"这在咱们说起来,就得说:"这儿没有苛酷的政治。"《檀弓》的原文可没有相当于"这儿"的词语,须意会才能辨出。

所谓不一致,就是语法的不一致,文言的语法是这样,现在口语的语法却另是一样。这须得两两比较,求得贴切的讲解,最后目的还在习惯那些文言的语法。譬如文言"糊之以漆纸"也可以作"以漆纸糊之","覆之以布"也可以作"以布覆之",现在口语却只说"用漆纸糊上它""用布盖着它"(次序与"以漆纸糊之""以布覆之"相同),若照"糊之以漆纸""覆之以布"的次序说成"糊上它用漆纸""盖着它用布",就不成话。又如文言"子何好?""子何能?",现在口语说成"您喜欢什么?""您会干什么?"。"何好"与"喜欢什么","何能"与"会干什么",次序刚好颠倒。文言"吾不之惧""吾未之信",现在口语说成"我不怕他""我没有相信这个","之惧"与"怕他","之信"与"相信这个",次序也刚好颠倒。这些都属于语法研究的范围。研究了语法就知道通则,无论文言或现在的口语,这样说才合于约定俗成的通则,不这样说就违背了通则。熟习了种种通则,听人家的话，读人家的文章，自然不至于错解误会。自己发表些什么，或者用口，或者用笔，也可以正确精当，没有毛病。

关于讲解，可以说的还多。现在因为赶紧要付排，姑且在此截止，以后有机会再谈。

原题《再谈讲解》
1948年1月1日发表

作文要道

写作跟文学创作之间不能划等号。写作的范围很宽广，写调查报告，写工作计划，写经验总结，写信、写通知等等，都包括在内，当然也包括文学创作。工作和生活中经常需要写作，所以写作是每个人非学不可的，而且是非学好不可的。文学创作就不是这样，有积蓄有兴致的人不妨去创作，没有什么积蓄和兴致的尽可以不创作，并非大家都得创作。大学毕业生不一定要能写小说诗歌，但是一定要能写工作和生活中实用的文章，而且非写得既通顺又扎实不可。

文章怎么写？鲁迅先生有一篇《作文秘诀》，把怎么写文章概括成四句话，总共十二个字，就是"有真意，去粉饰，少做作，勿卖弄"。这四句话，头一句"有真意"是最主要的。你没有什么真要说值得说的意思，又何必徒劳呢？确乎有真意，果真非写不可，还得注意后面的三句话，因为粉饰、做作、卖弄，都是表达真意的挺可厌的障碍。

没有真意就没有必要作文，这个道理很简单。譬如写信，如果没有什么事儿，没有非说不可的话，何必随便敷衍几句，浪费四分或者八分邮票呢？信总是有话要说才写的，或者告诉对方一些事儿，或者有什么问题向对方请教，跟对方商量。这些就是"真意"。写小说跟写信好像是两码事，其实一个样。假如平时没有什么积蓄，没有从个人和社会方面深入体会到的某些东西，提起笔来又没有强烈的兴趣，觉得非把某些东西告诉读者不可，那也无妨放下笔来，暂且不写小说。假如硬要写，那就像没事儿写敷衍信，徒然浪费四分或者八分邮票一样，未免有点儿无聊。

有了真意，要把文章写好，当然还得讲究点儿技巧。讲究技巧，最要紧的是选择最切当的语言，正确地把真意表达出来。鲁迅先生没有从正面说，只是提醒人们要"去粉饰，少做作，勿卖弄"，因为这三种毛病是最容易犯的。有的人以为讲究技巧就是要追求这些东西，凭着这些所谓技巧，即使真意差点儿，也可以写出像样的文章来。我可不敢相信技巧能补救真意的想法，何况鲁迅先生所说的粉饰、做作、卖弄，根本上不是什么技巧。

我国的骈文讲究对仗，讲究词藻，讲究运用典故和成语，借那个来说这个，可以说集粉饰、做作、卖弄之大成。现在没有人写骈文了，可是骈文的这些毛病还有人犯，往往犯了不知道是毛病，甚至自以为得计。滥用形容语和形容句子就是一条，以为用得越多文章越漂亮。摆起架子来写文章又是一条，以为顺着一般人的表达习惯来写就不成其为文章，必得说些离奇古怪的话才行。不管有没有需要，在文章里塞进些滥俗的成语或者典故也是一条，以为非此不足以表现自己比别人高明。列举不尽，就此为止。总之，鲁迅先生这四句话，到现在还着实有用。咱们把这四句话记在心里，经常用来提醒自己，对写作必然大有好处。

这四句话其实是作文的要道。当时有人写信给鲁迅先生，问作文有什么秘诀，所以他用了"秘诀"这个词儿，并不是说作文有什么"秘密"或是"神秘"的意思。

文风问题在哪儿

咱们说改进文风,话里头就含有这么个意思:咱们现在的文风不够好。谁同意要改进文风,谁就得真心承认这一点。否则尽说改进也不会改进到哪儿。

所谓文风的"文",该给它定个范围。就是说,这个"文"究竟包括哪些东西?

我想,凡是在社会上散布的,在机关团体里传送的,用油印铅印种种方法印刷的,都包括在内。无论文告,讲稿,政治论文,学术论文,科学著作,通信报道,文艺创作,凡是存心给公众看的,都包括在内。

唯有学生的习作可以不包括在内。学生的习作既然是"文",当然也有"风",为什么可以不包括在内呢?我想,学生的习作只送请老师指正批改,并不是给公众看的,这是一。其二呢,学生的习作受一般文风的影响很大,可是还没有形成固定的风,一般文风有所改进的时候,学生的习作受到好影响,自然会往好的方面发展。

假如我的想法不错，咱们以存心给公众看的东西为范围，该怎样考虑文风问题在哪儿呢？

我想，咱们必须特别注意"存心给公众看"这六个字。存心给公众看，那就必须是值得给人家看的东西，对人家有好处的东西，哪怕好处只有一点儿。手里拿个烂苹果，能送给人家吃吗？

咱们有没有拿错误的思想，不正确、不精密的理解和认识写在文章里呢？

咱们有没有拿自己也不大相信、自己也不甚了了的东西写在文章里呢？

咱们有没有连篇累牍写了一大堆，实在意义只有一点儿，或者连一点儿也说不上，使人家浪费了宝贵的时间和精力呢？

咱们有没有放任咱们的思路和笔，写到哪儿算哪儿，使人家摸不清头脑，看了半天一无所得呢？

咱们有没有违反了我国的语言习惯，错用一些词，错用一些句式，或者生造一些词，生造一些句式，使人家感觉非常别扭，揣摩也揣摩不透呢？

诸如此类的问句还可以提出很多。

假如回答说"有"，无论属于哪一项，总之对人家多少有不利，文风问题就在那儿，不够好就在那儿。

既然"有"，就该老实承认，千万不要想出种种理由为自己辩护。其次就该努力充实自己，首先是思想认识方面，次之是表达的技巧方面。唯有努力充实自己，咱们的文风才能有所改进。

1958年3月18日作

怎样改进文风

咱们查明文风问题在哪儿，要求改进就有了着手处。拿治病来比，根据病象可以探究病原，知道了病原就可以确定疗法，开出药方。

譬如病象是拿一些错误的思想，不正确、不精密的理解和认识写在文章里，病原就在咱们思想改造的努力还差，思想方法的锻炼还不够。今后必得认真改造思想，认真锻炼思想方法。即使不为写文章，只为在社会主义社会里做个具有积极作用的人，这些努力也必不可少，何况要写文章给公众看？

譬如病象是拿一些自己也不大相信、自己也不甚了了的东西写在文章里，病原就在咱们的态度和作风不对头。这也由于思想改造的努力还差，还没透彻地领会什么叫对读者负责。今后必得切切实实改变态度和作风，做任何事情都要对得起公众。写文章是任何事情里的一件事情，当然要对得起读者。经过再三考虑，确然是由衷的，是自己的真知灼见，才写下来贡献给读者。否则宁可暂时搁笔，决不勉强对付。

譬如病象是写得多，实在意义不多，病原就在咱们忽略了节约的原则。不顾节约，让它浪费，那是没有底的。可有可无的，无关紧要的，既然可以容留一句或是一段，为什么不可以容留十句或是十段呢？不忽略节约，这就有个一定的限度，充分写出那非写不可的，就是一定的限度。今后必得在实践中特别注意，无论一个词，一句话，一大段，都拿是不是非写不可来衡量。是的，决不让它遗漏，不是的，决不随便容留。意义丰富，无妨写成长篇，意义不多，当然来个短篇，意义实在寥寥，也就宁可搁笔。

譬如病象是写得使人家似懂非懂，摸不清头脑，病原就在咱们有不可告人的隐情，或者在咱们没有养成良好的思维习惯，所谓思路是一条七叉八出的路。如果属于前一项，那是很严重的毛病，要治疗也得从认真改造思想下手。如果属于后一项，读点儿逻辑会有好处，能从各方面的实践中体会逻辑的道理，尤其有好处。

譬如病象是用词造句不恰当，病原就在咱们的语言素养差，没有完全走上约定俗成的轨道，或者在咱们根本瞧不起语言，以为语言是小节，无关宏旨。无论属于前一项或是后一项，今后必得看重语言，改变以前忽视或是藐视的态度。写文章,就是凭语言跟人家打交道,语言是咱们能够使用的唯一的工具,所以丝毫马虎不得。这句话看来也平常,但是深切体会之后,将会见得确然有受用处。

总说一句,文风问题是多方面的,因而改进的途径也是多方面的。

1958年3月20日作

可写可不写，不写

我想，"可×可不×，不×"的公式，对改进文风也有用处。就是说，凡是一个词，一句话，多到几百字几千字的一大段，写进去也可以，可是不写进去，对全篇意旨并无什么损害，那就坚决割舍，不写进去。这么办的时候，文章就干净利落。

要是不采用"可×可不×，不×"的公式，让可写可不写的东西自由泛滥，那是没有底的。既然可以容纳这一个放得进去可是不起作用的部分，为什么不能容纳那一个叠床架屋的部分呢？结果唯有一律容纳，凡是下笔时候想到的一律写进去。这样，固然也可以说有底，但是那个"底"以下笔时候想到的为范围，未免太宽泛了。

试想一想这么办的时候影响怎么样。凡是不起什么作用的部分，你既然写了，读者就得读下去，他们读这一部分要用心思，要花时间，那心思和时间是浪费的。再说，你写的东西在社会里传布，要靠印刷工人的劳动,要用造纸工人生产的纸张,你的东西有了不起什么作用的部分,也就是他们的劳动和产品有了浪费。只要看这两笔浪费账,咱们下笔时候不就该谨严点儿吗?

可写可不写,不写,这是就一方面说。就另一方面说,就是所有写下来的,必须是非写不可的东西。无论一个词一句话,多到几百字几千字的一大段,如果人家来问,都说得出个要它存在的理由。这样叫"要言不烦"。我想,"要言不烦"是好文风。

1958年3月9日作

准确·鲜明·生动

写东西全都有所为，要把所为的列举出来，那是举不尽的。总的说来，所为的有两项，一项是有什么要通知别人，一项是有什么要影响别人。假如什么也没有，就不会有写东西这回事。假如有了什么而不想通知别人或者影响别人，也不会有写东西这回事。写日记和读书笔记跟别人无关，算是例外，不过也可以这样说，那是为了通知将来的自己。

通知别人，就是把我所知道的告诉别人，让别人也知道。影响别人，就是把我所相信的告诉别人，让别人受到感染，发生信心，引起行动。无论是要通知别人还是要影响别人，只要咱们肯定写些什么总要有益于社会主义之世，就可以推知所写的必须是真话、实话，不能是假话、空话。假话、空话对别人毫无好处，怎么可以拿来通知别人呢？假话、空话对别人发生坏影响，那更糟了，怎么可以给别人坏影响呢？这样想，自然会坚决地作出判断，非写真话、实话不可。

真话、实话不仅要求心里怎样想就怎样说，怎样写。譬如不切合实际的认识，不解决问题的论断，这样那样的糊涂思想，我心里的确是这样想的，就照样说出来或者写下来，这是真话、实话吗？不是。真话、实话还要求有个客观的标准，就是准确性。无论心里怎样想，必须所想的是具有准确性的，照样说出来或者写下来才是真话、实话。不准确，怎么会"真"和"实"呢？"真"和"实"是注定跟准确连在一起的。

立场和观点正确的，一步一步推断下来像算式那样的，切合事物的实际的，足以解决问题的，诸如此类的话就是具有准确性的，就是名实相符的真话、实话。

准确性这个标准极重要。发言吐语，著书立说，都需要用这个标准来衡量。具有准确性的话才是真话、实话，才值得拿来通知别人，才可以拿来影响别人。

除了必须具有准确性外，还要努力做到所写的东西具有鲜明性和生动性。

鲜明性的反面是晦涩、含糊。生动的反面是呆板、滞钝。要求鲜明性和生动性，就是要求不晦涩，不含糊，不呆板，不滞钝。这好像只是修辞方面的事，其实跟思想认识有关联。总因为思想认识有欠深入处，欠透彻处，表达出来才会晦涩、含糊。总因为思想认识还不能像活水那样自然流动,表达出来才会呆板、滞钝。这样说来,鲜明性、生动性跟正确性分不开。所写的东西如果具有充分的准确性,也就具有鲜明性、生动性了。具有鲜明性、生动性,可是准确性很差,那样的情形是不能想象的。在准确性之外还要提出鲜明性和生动性,为的是给充分的准确性提供保证。

再就通知别人或者影响别人着想。如果写得晦涩、含糊,别人就不能完全了解我的意思,甚至会把我的意思了解错。如果写得呆板、滞钝,别人读下去只觉得厌倦,不发生兴趣,那就说不上受到感染,发生信心,引起行动。这就可见要达到通知别人或者影响别人的目的,鲜明性和生动性也是必要的。

1958年5月13日作

修改是怎么一回事

写完了一篇东西，看几遍，修改修改，然后算数，这是好习惯。工作认真的人，写东西写得比较好的人，大都有这种好习惯。语文老师训练学生作文，也要在这一点上注意，教学生在实践中养成这种好习惯。

修改究竟是怎么一回事呢？

从表面看，自然是检查写下来的文字，看有没有不妥当的地方，如果有，就把它改妥当。但是文字是语言的记录，语言妥当，文字不会不妥当，因此，需要检查的，其实是语言。

怎样的语言才妥当，怎样的语言就不妥当呢？这要看有没有充分地确切地表达出所要表达的意思（也可以叫思想），表达得又充分又确切了，就是妥当，否则就是不妥当，需要改。这样寻根究底地一想，就可见需要检查的，其实是意思；检查过后，认为不妥当需要修改的，其实是意思。

这本来是自然的道理，可是很有些人不领会。常听见有人说："这篇东西基本上不错，文字上还得好好修改。"好像文字和意思是两回事，竟可以修改文字而不变更意思似的。实际上哪有这样的事？凡是修改，都由于意思需要修改，一经修改就变更了原来的意思。

譬如原稿上几层意思是这样排列的，检查过后，发觉这样排列不妥当，须得调动一下，作那样的排列，这不是变更了原来的意思的安排吗？

譬如原稿上有这一层意思，没有那一层意思，检查过后，发觉这一层意思用不着，应该删去，那一层意思非有不可，必须补上，这不是增减了原来的意思的内容吗？增减内容就是变更意思。

譬如原稿上用的这个词，这样的句式，这样的接榫，检查过后，发觉这个词不贴切，应该用那个词，这样的句式和这样的接榫不顺当，应该改成那样的句式和那样的接榫，这不是变更了原来的词句吗？词句需要变更，不为别的，只为意思需要变更。前边说的不贴切和不顺当，都是指意思说的。你觉得"发动"这个词不好，要改"推动"，你觉得某地方要加个"的"字，某地方要去个"了"字，那是根据意思决定的。

说到这儿，似乎可以得到这样的理解：修改必然会变更原来的意思，不过变更有大小不同；大的变更关涉到全局，小的变更仅限于枝节，也就是一词一句。修改是就原稿再仔细考虑。全局和枝节全都考虑到，目的在尽可能做到充分地确切地表达出所要表达的意思。实际情形不是这样吗？

　　这样的理解很关重要。有了这样的理解，对修改就不肯草率从事。把这样的理解贯彻在实践中，才能养成修改的好习惯。

1958年4月7日作

谈文章的修改

有人说，写文章只该顺其自然，不要在一字一语的小节上太多留意。只要通体看来没有错，即使带着些小毛病也没关系。如果留意了那些小节，医治了那些小毛病，那就像个规矩人似的，四平八稳，无可非议，然而也只成个规矩人，缺乏活力，少有生气。文章的活力和生气全仗信笔挥洒，没有拘忌，才能表现出来。你下笔多所拘忌，就把这些东西赶得一干二净了。

这个话当然有道理，可是不能一概而论。至少学习写作的人不该把这个话作为根据，因而纵容自己，下笔任它马马虎虎。

写文章就是说话，也就是想心思。思想，语言，文字，三样其实是一样。若说写文章不妨马虎，那就等于说想心思不妨马虎。想心思怎么马虎得？养成了习惯，随时随地都马虎地想，非但自己吃亏，甚至影响到社会，把种种事情弄糟。向来看重"修辞立其诚"，目的不在乎写成什么好文章，却在乎绝不马虎地想。想得认真，是一层。运用相当的语言文字，把那想得认真的心思表达出来，又是一层。两层功夫合起来，就叫做"修辞立其诚"。

学习写作的人应该记住，学习写作不单是在空白的稿纸上涂上一些字句，重要的还在乎学习思想。那些把小节小毛病看得无关紧要的人大概写文章已经有了把握，也就是说，想心思已经有了训练，偶尔疏忽一点，也不至于出什么大错。学习写作的人可不能与他们相比。正在学习思想，怎么能稍有疏忽？把那思想表达出来，正靠着一个字都不乱用，一句话都不乱说，怎么能不留意一字一语的小节？一字一语的错误就表示你的思想没有想好，或者虽然想好了，可是偷懒，没有找着那相当的语言文字：这样说来，其实也不能称为"小节"。说毛病也一样，毛病就是毛病，语言文字上的毛病就是思想上的毛病，无所谓"小毛病"。

修改文章不是什么雕虫小技，其实就是修改思想，要它想得更正确，更完美。想对了，写对了，才可以一字不易。光是个一字不易，那不值得夸耀。翻开手头一本杂志，看见这样的话："上海的住旅馆确是一件很困难的事，廉价的房间更难找到，高贵的比较容易，我们不敢问津的。"什么叫做"上海的住旅馆"？就字面看，表明住旅馆这件事属于上海。可是上海是一处地方，决不会有住旅馆的事，住旅馆的原来是人。从此可见这个话不是想错就是写错。如果这样想："在上海，住旅馆确是一件很困难的事"，那就想对了。把想对的照样写下来："在上海，住旅馆确是一件很困难的事"，那就写对了。不要说加上个"在"字去掉个"的"字没有多大关系，只凭一个字的增减，就把错的改成对的了。推广开来，几句几行甚至整篇的修改也无非要把错的改成对的，或者把差一些的改得更正确，更完美。这样的修改，除了不相信"修辞立其诚"的人，谁还肯放过？

  思想不能空无依傍，思想依傍语言。思想是脑子里在说话——说那不出声的话，如果说出来，就是语言，如果写出来，就是文字。朦胧的思想是零零碎碎不成片段的语言，清明的思想是有条有理组织完密的语言。常有人说，心中有个很好的思想，只是说不出来，写不出来。又有人说，起初觉得那思想很好，待说了出来，写了出来，却变了样儿，完全不是那回事了。其实他们所谓很好的思想还只是朦胧的思想，就语言方面说，还只是零零碎碎不成片段的语言，怎么说得出来，写得出来？勉强说了写了，又怎么能使自己满意？那些说出来写出来有条有理组织完密的文章，原来在脑子里已经是有条有理组织完密的语言——也就是清明的思想了。说他说得好写得好，不如说他想得好尤其贴切。

因为思想依傍语言，一个人的语言习惯不能不求其好。坏的语言习惯会牵累了思想，同时牵累了说出来的语言，写出来的文字。举个最浅显的例子。有些人把"的时候"用在一切提冒的场合，如谈到物价，就说"物价的时候，目前恐怕难以平抑"，谈到马歇尔，就说"马歇尔的时候，他未必真个能成功吧"。试问这成什么思想，什么语言，什么文字？那毛病就在于沾染了坏的语言习惯，滥用了"的时候"三字。语言习惯好，思想就有了好的依傍，好到极点，写出来的文字就可以一字不易。我们普通人难免有些坏的语言习惯，只是不自觉察，在文章中带了出来。修改的时候加一番检查，如有发现就可以改掉。这又是主张修改的一个理由。

1946年5月1日发表

修改《壁虎捉虫》

【原作】

　　住在叔叔家的几天里,每晚七、八点钟的时候,大家都到院子里去乘凉。院子里墙壁上的灯亮了,招来了很多小飞虫,也招来了几只捉小飞虫的壁虎。每天我总要抬起头来看这几只壁虎,看它们怎样捉虫。

　　它们把腹部紧贴在墙壁上,四只脚移动着朝前走。每只脚都有五个脚趾,每个脚趾上都有一个吸盘,吸住墙壁。脚趾叉开,看上去极像爬山虎的

【改文】

　　住在叔叔家的几天里,每晚七八点钟,大家都到院子里去乘凉。院子里墙壁上的灯亮了,招来了很多小飞虫,也招来了几只捉虫的壁虎。每晚我总要抬起头来看这几只壁虎,看它们捉虫。

　　壁虎把腹部紧贴在墙壁上,慢慢儿移动四只脚朝前走。每只脚都有五个脚趾,每个脚趾上都有一个吸盘,吸住墙壁。脚趾叉开,看上去极像爬墙草

脚。它们的头部尖尖的，略成三角形。我没有见过它们的嘴是什么样的，因为它们的嘴总靠着墙壁，是看不见的。壁虎有一对很小的眼睛，我想这一定是非常灵敏的眼睛，不然是会饿死的。它们还有一条又细又长的尾巴，走路时尾巴左右来回摆动。身上还披着一层细小的鳞片，颜色有深有浅，很好看，因为是天然形成的花纹吧。

看它们捉虫就更有趣了。有时它们趴在墙壁上，静静地一动也不动，像用一块小小的水泥塑在墙壁上似的。飞虫就在它们的附近来回爬着，它们却装得连看也没有看见，抑制着自己，仍然一动

的脚。壁虎的头尖尖的，略成三角形。我不知道壁虎的嘴是什么样的，因为它们的嘴总靠着墙壁，看不清。壁虎有一对很小的眼睛，我想这一定是非常灵敏的眼睛，不然壁虎会饿死的。壁虎还有一条又细又长的尾巴，爬行的时候尾巴左右来回摆动。壁虎身上披着一层细小的鳞片，颜色有深有浅，天然形成花纹，很好看。

看壁虎捉虫很有趣。壁虎趴在墙壁上，静静地一动也不动，像贴在墙壁上的一小块水泥。停在墙壁上的飞虫在它身边来回爬着，它却抑制着自己，仍然一动也不动，装做没看见似的。聚集到它身边

也不动。聚集到它们身边来的飞虫越来越多了,有几只竟自己送到壁虎的嘴边,这时壁虎用极快的动作,把头颈一伸,然后又极快地缩回去,如果在这时候你眨一下眼,会觉得它根本没动,只是看不见在它身边的那只飞虫了。它仍像刚才一样静静地一动也不动,等着第二只、第三只和更多的飞虫自己送到它的嘴边。有时候它们的头灵活地转动着,朝四处看,看见大一些的飞虫,便不再等它自己送到口里了。它们用最快的速度朝这只飞虫爬去,在离十几步远的地方忽然停了下来,然后极慢极慢地向这只飞虫爬去,不仔

的飞虫越来越多了,有几只竟自己送到它的嘴边,这时候它才用极快的动作把脖子一伸,然后又极快地缩回去。如果这时候你眨一下眼,会觉得它根本没动,只是看不见在它身边的那只飞虫了。它仍然像先前一样一动也不动,等第二只第三只飞虫自己送到它嘴边来。

有时候壁虎的头灵活地转动着,朝四处看,看见大一些的飞虫,就不等飞虫自己送到嘴边来了。它用最快的速度朝飞虫爬去,在距离尺把远的地方忽然停下来,然后极慢极慢地向前爬,不仔细看,根本看不出它在移动,这

细看，根本看不出它在移动。后面的尾巴在这时候却左右乱摆。我想它很聪明呢，知道尾巴在身后，小虫不会发现，就得意地乱摆起来。好久，好久，我等得都心急了，它总算爬到了。又用那绝妙的捉虫技术，把这只飞虫吞吃了。接着又朝另一个目标爬去了。一次，雪白的墙壁上有一个小污点，引起了一只壁虎的注意。它错认为这是一只飞虫，在它看来这是只不小的飞虫了，它像捉大虫那样，做了一番努力，做得又细致，又规律，花了很多的时间，也没有一点点破绽，但当他伸出头去，知道自己受骗了，就使劲时候后面的尾巴却左右乱摆。我想它很聪明呢，知道尾巴在身后，小虫看不见，就得意地摆动起来。好久，好久，我都等得心急了，它总算爬到了，又用那绝妙的捉虫技术，把飞虫吞吃了，接着又朝另一个目标爬去。

雪白的墙壁上有一个小污点，引起了一只壁虎的注意。它错认为那是一只不小的飞虫，就向那个污点爬过去，行动又细致又规律，花了不少时间。等它伸出头去，才知道自己受骗了，就使劲将头一摆，生气地走开了。我想，壁虎定是一种没有地将头一摆，生气地走开了。我想，它们定是一种没有脑筋的动物，因为没过多久，它又去了，同样耗费了很多精力，结果还是一样，我觉得可笑，笑了好久。

它们天天来这里捉虫，一个夏天真不知要吃掉多少飞虫。现在它们怎样了呢？我想仍和从前一样快活吧，只是我没有再去看它们了。

头脑的动物，因为没过多久，它又去了，同样费了很多精力，结果还是一样。我觉得可笑，笑了好久。

叔叔家墙上的那些壁虎现在怎样了呢？大概和前些日子一样快活吧？

> **评语**
>
> 仔细观察某种东西，把看到的和想到的写下来，这是练习作文的好办法。仔细观察成为习惯，对各方面的学习都有好处，不仅在作文方面。作文方面的好处是显然的，至少可以切合实际，少说空话。

原作者：叶小沫

修改《霍老头》

【原作】

一天，对门侯健跟我说："从胡同西口搬来了个霍老头，替大家管土站的，唔，可倔啦！昨天倒土我就碰了个钉子，你可得小心点！""嗯嗯。"我不以为然地说。

晚上，我和弟弟小钢抬了箱炉灰就出了家门。我们家今天卸炉子，炉灰一大箱，所以，什么单日倒脏土呀，双日倒炉灰呀，我连看都没看。

出了家门，土站还老远，我兄弟俩抬着笨重的

【改文】

一天，对门的侯健跟我说："胡同西口新搬来了一个霍老头，替大伙管土站的。他可倔啦！昨天倒脏土，我就碰了个钉子。你可得小心点儿！"

晚上，我和弟弟小钢抬了一箱炉灰走出家门。那天我们家卸炉子，炉灰一大箱，什么单日倒脏土呀，双日倒炉灰呀，我连想都没想。

出了家门，土站还老远，我们兄弟俩抬着沉重

土箱一摇一摆地朝前走,活像个大肥鸭子。土站越来越近了,在黄昏的昏暗的光线下,一个老头儿正扫着土站的地。我忽然想起了侯健的忠告,心里噔噔地跳起来,硬着头皮走上去。老头转过身来,上下打量了我两眼,我也不示弱地上下瞅了瞅他:他身穿黑袄蓝裤,嘴里像嚼着什么东西,胡须一动一动的,"小孩,今儿倒炉灰吗?"他故意地问。"不知道。"小钢装出什么也不懂的样子。"那好,告诉你们,今儿倒脏土,抬回去吧!"

"为什么不混着搁呢?"我也装着样儿搭话了。

的土箱,一摇一摆地朝前走。在黄昏暗淡的光线下,我望见土站那儿有个老头正在扫地,忽然想起了侯健的忠告,心里噔噔地跳起来,却还硬着头皮走过去。

老头转过身来,打量了我两眼,我也上下瞅了瞅他。他身穿黑袄蓝裤,嘴里像嚼着什么,胡须一动一动的,故意向我们说:"小孩,今儿倒炉灰吗?"

"不知道。"小钢装出什么也不懂的样子。

"那好,告诉你们,今儿倒脏土。把炉灰抬回吧!"

"为什么不能混着搁呢?"我装着样儿问。

"因为脏土去做肥料,"老人以为我不懂,竟认起真来了,"炉灰去做砖,两样……"我看老人认真的样子,觉得可乐,可是,他句句说得是理呀!我们要是随便乱倒,岂不是损坏国家的利益了吗?我看了看笨重的土箱心想就今天一次,往后绝不干了,不行吗?还是和他蘑菇蘑菇吧!于是,我又说:"就今天一次,往后我再也不倒,行不行?"

"不行,你今儿个一回,他明儿又一回,咱们挨着盘儿来,还要我看土站干吗?"老头"将"住了我,可小钢还有碴儿:"那你怎么知道他们也这

"因为脏土去做肥料,"老头以为我们真不懂,"炉灰去做砖,两样……"

我看老头认真的样子,觉得可乐,可是他句句是理呀!我们要是随便乱倒,岂不损害了国家的利益了吗?我看了看沉重的土箱,心里想还是跟他蘑菇蘑菇吧,就说:"就今儿这一回,往后再也不乱来,还不行吗?"

"不行。你今儿个一回,他明儿个又一回,咱们挨着盘儿来,还要我这个看土站的干什么呢?"

老头把我"将"住了,可是小钢还有碴儿。

样呢？"

"那你怎么知道他们不这样呢？"

我一想，老人这话对，可是这么大老远的抬着土箱来回跑，有点受不了，就说："你知道土箱有多沉呢？"这句话，似乎真有效，老头直皱眉头。最后，他忽然说："好了好了，你累我知道，这样办：让你弟弟先看着土站，我帮你搬回去！"说着就和我抬起了土箱，他弯着腰，一手还托着箱底儿，急急地走着，直喘气。我真难过，怎么能让他老人家帮我呢，但是，想劝阻的话却说不出口。

他问："你怎么知道大伙也这样呢？"

"你怎么知道大伙不这样呢？"

我想老头这话对，可是这么大老远地抬着土箱来回跑，有点儿受不了，就说："你知道这土箱有多沉呀！"

这句话还真有效，老头听了直皱眉头，忽然说："好了好了，你们累我知道。这样办，让你弟替我看着土站，我帮你抬回去。"

说着，就和我抬起了土箱。他弯着腰，一手还托着箱底儿，一边走一边喘气。我真难过，怎么能让他老人家帮我呢！但是劝阻的话又说不出口。

到了家，他那抖动着的胡须，喘着气的嘴，以及弯着腰的动作，一直在我的脑海里转呀转呀……

第二天一早，我马上跑到对门侯健家里，告诉他："霍老头真好！"

霍老头，就是这么一个坚持原则的人！

回到家里，他那抖动着的胡须，喘着气的嘴，弯着腰的姿势，一直在我的脑海里转呀转呀……

第二天一早，我就跑到对门，告诉侯健说："霍老头真好！"

> **评 语**
>
> 　　这一篇可以说把霍老头写活了，叫人觉得仿佛在哪儿见过这位老头似的。能做到这样，主要原由在于敬佩霍老头，为他的坚持原则的精神所感动。
>
> 　　梁钟同学这一回倒炉灰受到了教训。这样的事儿值得写，借此练习作文，又可以策励自己。

原作者：梁钟